W0198470

FRANCKE

Lotte Bormuth

Mein Lied für Gott

Das Leben der Mahalia Jackson

FRANCKE
Verlag der Francke-Buchhandlung GmbH

Die Deutsche Bibliothek - CIP-Einheitsaufnahme

Bormuth, Lotte:
Mein Lied für Gott : das Leben der Mahalja Jackson / Lotte Bormuth. - Marburg an der Lahn : Francke, 1999
(TELOS-Bücher ; 7808 : TELOS-Taschenbuch)
ISBN 3-86122-423-2

35037 Marburg an der Lahn
Umschlaggestaltung: Reproservice Jung, Wetzlar
Satz: Verlag der Francke-Buchhandlung GmbH
Druck: Schönbach-Druck GmbH, Erzhausen

TELOS-Taschenbuch Nr. 7808

Inhaltsverzeichnis

Vorwort

„Manchmal kann ich es selbst nicht fassen, daß ich aus den Hintergassen von New Orleans stamme und die Menschen sich jetzt in überfüllten Sälen drängen, um meine Gospelsongs zu hören. Wenn ich beim Singen weine, bin ich nicht traurig, wie die Leser meinen. Ich schaue nur zurück und sehe, wo ich herkomme - und dann bin ich glücklich."

Mit diesen Worten beginnt Mahalia Jacksons Buch „Mein Leben" . Mich hat diese große Sängerin, die eine bewußte Christin war, fasziniert, und so will ich mit ihren Worten diese großartige Frau in ihren Höhen und Tiefen darstellen, so als stünde sie mitten unter uns.

Bei meinen Ausführungen habe ich mich an dem Buch *„Mahalia Jackson - Mein Leben"*, erschienen 1974 in der Evangelischen Verlagsanstalt Berlin, orientiert.

In einer Hütte geboren

Geboren wurde ich zwischen Bahngleisen und dem Uferdamm des Mississippi. Es war ein glühend heißer Tag, wie mir später erzählt wurde, als ich am 26. Oktober 1911 das Licht der Welt erblickte. Armselig sah die Gegend aus, in der Schwarze, Weiße und Mischlinge wohnten. Keiner der Väter hatte es hier leicht, seine Familie durchzubringen. Die Farbigen arbeiteten auf den Docks, auf den Dampfern und auf den Bananenschiffen.

Meine Eltern waren Schwarze und führten ein kärgliches Leben. Mein Vater war überaus fleißig. Tagsüber verlud er am Hafen Baumwolle, und abends schnitt er den Leuten die Haare. Sonntags stand er auf der Kanzel seiner Gemeinde und predigte. Sein Verdienst war gering, aber wir konnten damit überleben.

Eine kleine Hütte, das war die Behausung, in der wir uns durchs Leben schlugen. Wenn es regnete, dann gehörte es zur Aufgabe von uns Kindern, überall Töpfe und Wannen aufzustellen, um das Wasser aufzufangen. Manchmal kehrten wir es auch einfach mit einem Besen durch die Tür. So war unser Fußboden immer blitzblank. Meine Großeltern haben noch als Sklaven auf einer Reisplantage gearbeitet, erst nach dem Bürgerkrieg ließ man sie frei. Aber da sie nicht an die Freiheit gewöhnt waren, blieben sie noch eine Zeitlang auf den Feldern und arbeiteten weiter für ihre Herren. Ihre Hütte war noch ärmlicher als unsere.

Notdürftig wurden die Ritzen mit alten Lumpen zugestopft. Fünfzehn Kinder wurden in diesem Elendsquartier geboren. Hier lebten meine Großeltern in erbärmlicher Armut und sind auch hier gestorben.

Die Schwarzen wurden regelrecht ausgenutzt. Unter der glühenden Sonne des Südens mußten die Sklaven die Erde aufhacken und die Baumwolle pflücken, während ihre Herren auf rassigen Pferden durch die Felder ritten und sie mit Peitschen zu noch härterer und schnellerer Arbeit antrieben. Der Verdienst betrug fünfzig Cent pro Tag. Schon morgens um vier Uhr läutete die Glocke, und bei Tagesanbruch mußten alle Arbeitsfähigen auf den Plantagen sein. Vom Aufgang der Sonne bis zum Untergang pflügten die Männer mit ihren Maultieren, die sie vor den Pflug spannten, den Acker oder pflückten die Baumwolle. Die wenigen Cents, die sie verdienten, wurden ihnen aber nicht ausgezahlt, sondern im Laden gutgeschrieben. Dort konnten sie dann Maismehl, gepökeltes Schweinefleisch, Sirup und einige andere Lebensmittel erstehen. Immer standen die Sklaven in der Schuld ihrer weißen Herren. Dafür sorgte auch ihre Art zu rechnen. Hatte sich ein Farbiger ein Maultier gekauft, um sein Stückchen Land zu pflügen, dann mußte er zahlen und nochmals zahlen, und nach über zehn Jahren gehörte der Esel immer noch nicht ihm.

Obwohl für alle Kinder die Schulpflicht galt, konnten wir Kinder nur dann zum Unterricht gehen, wenn es regnete. Bei schönem Wetter stand groß und klein auf dem Acker und hackte in den Baumwollfeldern.

Als einmal der Baumwollkäfer auftrat und fast die ganze Ernte vernichtete, so daß manche Plantagenbesitzer Bankrott machten, haben wir Schwarzen dies als die gerechte Strafe Gottes empfunden.

Der Ort, an dem sich unser geselliges Leben abspielte, war die Kirche. Es war eine schlichte Kapelle, die die Sklaven aus Zypressenholz erbaut hatten. Ein Hauptereignis war die Taufe. Sie fand im reißenden Fluß statt und wurde für viele Gläubige zu einem einmaligen Erleben. Mit seiner Taufe wußte sich jeder in eine große Gottesfamilie hineingestellt.

Oft saßen wir Kinder draußen an den Ufern des großen Mississippi und sangen unsere Lieder zum Klang der Ukulele. Wir brieten uns Kartoffeln im Feuer, das wir mit Treibholz schürten, oder fingen Fische, Garnelen oder Krabben.

Jeden Tag gingen wir Kinder in unsere Kapelle und sangen unsere Lieder oder hörten die biblischen Geschichten. Als ich fünf Jahre alt war, durfte ich schon im Kinderchor mitsingen.

Die Schwarzen in New Orleans waren meist fromme Leute. Der Sonntag wurde in der Kirche verbracht. Unsere Baptisten-Gemeinde nahm das Wort Gottes sehr ernst, und die Bibel bestimmte unseren Alltag. Wir wollten Hörer und Täter des Wortes Gottes sein. Ein Leben ohne meine Kirche hätte ich mir gar nicht vorstellen können.

Als ich fünf Jahre alt war, erkrankte meine Mutter ernstlich, und nur wenige Wochen später ging sie heim. Man brachte Mutters Sarg mit einem Boot zurück in das Dorf, in dem sie früher gewohnt hatte, und die Angehörigen stiegen in ein zweites Boot. Die Beerdigung meiner Mutter blieb mir in der Erinnerung lebendig. Auf der Rückfahrt von der Trauerfeier wurde darüber verhandelt, was nun mit mir und meinem Bruder geschehen sollte. Meine Mutter hatte sechs Schwestern, aber Tante Mahalia Paul, nach der ich meinen Namen erhalten habe, beschloß kurzerhand: „Ich nehme beide“, und dabei blieb es.

Tante Duke, wie sie genannt wurde, war eine Respektsperson. Stattlich war sie und in ihrem Gang aufrecht. Ihr Blick war durchdringend. Sie arbeitete bei einer vornehmen, weißen Familie als Köchin, und da sie mit ihrer Kochkunst köstliche Speisen auf den Tisch bringen konnte, wurde sie von ihrer Herrschaft mit zehn Dollar die Woche entlohnt. Für eine schwarze Hausbedienstete war dies viel Geld, sehr viel sogar. In ihrer Küche führte sie ein strenges Regiment.

Nach dem Tod meiner Mutter änderte sich mein ganzes Leben von Grund auf. Zu Hause durfte ich tun und lassen, was ich wollte. Das hing mit der schweren Erkrankung meiner Mutter zusammen, weil sie viel im Bett liegen mußte. Da ich auch noch das jüngste Kind in der Familie war, wurde ich zudem verwöhnt und war der Liebling aller. Nun aber hatte sich von einem Tag auf den andern meine Situation geändert.

Meine Tante hatte es sich zum Ziel gesetzt, ihre Nichte ordentlich zu erziehen. Dazu fühlte sie sich als Schwester meiner Mutter verpflichtet. So versuchte sie streng und unerbittlich, mich verwöhntes Kind auf die rechte Spur zu bringen. Von Zärtlichkeit und Muße hielt Tante Duke nicht viel.

Nun waren für mich regelmäßiger Gottesdienst und harte Arbeit angesagt. Schlug ich mal über die Stränge und war ungehorsam, dann holte Tante Duke die neunschwänzige Katze, das war eine Peitsche mit neun

Riemen, vom Schrank herunter und haute damit zu. Immer verspürte ich dann den Schmerz gleich an neun verschiedenen Stellen.

Hätte es da nicht meinen Onkel Emanuel Paul gegeben - ein sehr lieber und freundlicher Mensch -, wäre wohl meine Kindheit recht traurig und freudlos verlaufen. Zum Glück war ja noch mein Vater da, der sein Töchterchen über alles liebte. Leider konnte ich nicht bei ihm wohnen, aber an Sonn- und Feiertagen besuchte ich ihn in seinem Friseurladen, wo er abends den Leuten die Haare schnitt, und verbrachte viele glückliche Stunden in seiner Nähe. Er nahm mich dann auf seinen Schoß, strich mir zärtlich übers Haar und nannte mich „mein Schokoladenplätzchen". Wenn ich Vater wieder verlassen mußte, steckte er mir soviel Geld, wie er erübrigen konnte, für Tante Duke in meine Tasche. Er war ihr sehr dankbar, daß sein kleiner Schatz wieder ein Zuhause gefunden hatte.

Tante Duke legte keinen großen Wert auf schöne Kleidung. Sie selbst trug einen blauen oder weißen Arbeitskittel, und für den Kirchenbesuch hing etwas Besseres im Schrank. Ich selbst besaß nur ein Kleid. Das ganze Jahr über trug ich es. Schuhe zogen wir Kinder überhaupt nicht an, sondern liefen barfuß. Für den Gottesdienst schrubbten wir uns die Beine tüchtig ab und rieben sie mit einer Fettcreme ein, so daß sie glänzten. Gebadet wurden wir in einer großen Zinkwanne, die in der Küche oder auf dem Hof stand. Damit wir warmes Wasser hatten, wurde der Herd mit Holz geschürt.

Spielzeug besaßen wir nicht. Das war viel zu teuer. Aber sobald ich mit Nadel und Zwirn umgehen konnte, nähte ich mir aus Stoffresten eine Puppe und flocht ihr aus Gras Zöpfe.

An Heiligabend ging die ganze Familie in die Kirche. Dort stand auch ein Weihnachtsbaum mit leuchtenden Kerzen. War die Feier zu Ende, wurden die Kerzen gelöscht. Eine große Traurigkeit legte sich dann auf meine Kinderseele, denn zu Hause gab es keinen Christbaum, und alles versank im Dunkeln. Als ich mir später in Chicago ein Haus bauen konnte, pflanzte ich, angeregt durch meine trübsinnige Erfahrung in der Kindheit, auf meinem Grundstück immergrüne Bäume. Wie oft stand ich dann am Fenster und betrachtete den herrlichen Baumbestand.

New Orleans ist eine Stadt, in der es brütend heiß werden kann. Deshalb stehen ihre Bewohner meist vor Tagesanbruch auf, um die Arbeit zu bewältigen. Noch bevor die Sonne aufgeht, herrscht schon reges Leben. Onkel Emanuel richtete das Frühstück und ging dann hinaus in den Garten. Ich mußte ihn oft begleiten und ihm beim Jäten, Hacken und Pflanzen helfen. Mein älterer Bruder arbeitete als Gärtnergehilfe bei einem Weißen. Außerdem lasteten noch die täglichen Verrichtungen des Haushalts auf mir. So schrubbte ich die Fußböden mit roten Backsteinen und heißer Lauge, bis das Holz hell war. Die Matratzen wurden mit grauem spanischen Moos gefüllt, das von den Bäumen herabhing. Mit großen Körben zogen wir Kinder in den Wald, sammelten das Moos, steckten es in gebleichte Säcke aus Baumwolle und nähten sie mit dickem Garn und langen Nadeln zu.

Wir lernten auch früh, Zuckerrohr und Baumwedel zu schneiden und daraus Korbstühle zu flechten. Auch für das Brennholz im Ofen war ich verantwortlich. Mit Schubkarren und einer Axt zogen wir ans Flußufer und sammelten Treibholz oder hackten die Planken von den ausrangierten Kähnen, die schon halb versunken im Sumpf steckten. Oft stand ich im halbtiefen Wasser oder Schlamm und angelte nach Baumstümpfen und Stämmen, die auf dem Fluß schwammen. Hatte ich tüchtig Holz an Land gezogen und meine Arbeit geschafft, dann setzte ich mich ans Ufer, ruhte aus und ließ mich von der Sonne bescheinen. Wie gerne sah ich den vorbeifahrenden Dampfern nach.

Der Mississippi gehört zum Leben der Menschen dort. Noch in späteren Jahren lief mir ein Schauer über den Rücken, wenn ich an den breiten, mächtig dahinfließenden Strom dachte.

Nicht weit von unserer Behausung fuhren die Züge. Sie beförderten vor allen Dingen Frachtgut. Manchmal nahm uns ein Lokführer mit auf seinem Bremswagen und ließ uns an der Zuckerrohrplantage aussteigen. Dort sammelten wir die dicken Zuckerrohrstengel und lutschten sie aus. Sie schmeckten wunderbar süß. Es gab noch einen anderen Grund, warum es uns zu den Gleisen zog. Mit Körben unterm Arm suchten wir nach Kohlen, die vom Tender herabgefallen waren. Stolz kehrten wir mit dem Brennmaterial nach Hause und waren glücklich, daß wir für die kühlere Jahreszeit den Ofen beheizen konnten.

Als ich sieben Jahre alt war, mußte ich auf kleinere Kinder aufpassen und sie bemuttern. Oft nahm mich auch meine Tante mit zu ihrer weißen Herrschaft. Dort mußte ich Geschirr spülen und abtrocknen. So verdiente ich mir manchmal schon zwei Dollar die Woche mit Gelegenheitsarbeiten.

Schwarz und Weiß waren für mich kein Problem. Wir Kinder spielten und arbeiteten miteinander. Wir wohnten ja auch Haus an Haus, und niemand nahm daran Anstoß. In unserer Straße wohnten auch italienische Familien. Oft spielten wir mit ihren Kindern. Natürlich blieb es nicht aus, daß es auch mal zwischen uns zu Reibereien kam. Ich wußte mich meiner Haut zu wehren. Ich war nicht zimperlich und konnte kräftig zuschlagen, weil ich schon als junges Mädchen ziemlich stark war.

Ich erinnere mich noch an solch einen Streit. Eine Gruppe junger Italiener hatte sich zusammengetan und beobachtete mich, wie ich von der Arbeit nach Hause kam. Sie hielten sich im Gebüsch versteckt. Einige waren sogar auf einen Baum geklettert, so daß ich sie im Blattwerk nicht entdecken konnte. Diese Bande lauerte mir auf. Kaum war ich in ihrer Nähe, da umringten sie mich und fielen über mich her. Ich wurde schrecklich wütend, griff die beiden ersten, die sich mir näherten, an und wehrte mich mit heftigen Fußtritten. So viel Widerstand hatten die Burschen nicht von mir erwartet. Zwei der Kerle hatte ich ziemlich übel zugerichtet. Deshalb machten sich die anderen davon. Einen Jungen konnte ich noch am Hemd festhalten und drückte ihm mit festem Griff die Kehle zu, so daß seine Augen wie Froschaugen aus seinem Gesicht hervorquollen. Er bekam einfach keine Luft mehr. Dem vierten begegnete ich am nächsten Morgen am Fluß. Ich bewaffnete mich mit einem Stock und drosch auf ihn ein. Er muß wohl auf dem Rücken viele blaue

Flecken gehabt haben. Mit dieser Gegenwehr hatte er nicht gerechnet. Damit hatte ich der Bande klargemacht, was sie zu tun und zu lassen hatte. Nie mehr wurde ich angegriffen. Monate später wurden wir sogar Freunde, und schwarz und weiß vertrug sich bestens.

Wir haben auch von Weißen viel Gutes erfahren. So schenkte uns die weiße Familie Ryders, bei der meine Tante kochte, die abgelegten Kleider ihrer Kinder. Auch das Essen, das übriggeblieben war, durften wir uns aus den Schüsseln und Töpfen mit nach Hause nehmen. So landeten manche Reste vom Braten oder auch herrlicher Salat und Gemüse auf unserem Tisch. Manche Familien mit vielen Kindern konnten nur so überleben, daß sie die Reste der Weißen nach Hause trugen. Ich kannte Witwen, die ihre Kinder nur auf die Weise durchbringen konnten, daß sie sich von den Brosamen, die von ihrer Herren Tische fielen, nährten.

Wir besaßen sogar einen kleinen Garten, in dem wir Tomaten, Bohnen Zwiebeln, Erbsen, Mais und Kürbisse anpflanzen konnten. Außerdem hielten wir uns ein paar Hühner und einige Ziegen. Im Fluß angelten wir Fische, und auf diese Weise wurde unser Nahrungsbedarf gedeckt.

Die Schwarzen haben immer gerne und reichlich gegessen. Wahrscheinlich hing dies damit zusammen, daß ihnen manche anderen Freuden verwehrt waren. Die Küche war auch der Ort, wo sie sich am wohlsten fühlten. Hier brauchten sie nicht damit zu rechnen, vom Stuhl aufgescheucht zu werden, um ihrem weißen Herrn dienstbar zu sein. Der eigene Herd wurde so zum Sammelplatz der schwarzen Familie. Hier konnten Freuden miteinander ausgetauscht und Probleme besprochen werden. Hier wurde gut gekocht und reichlich gegessen.

Schwarze Mütter waren auch meist hervorragende Köchinnen. Nahrungsmittel brachte die fruchtbare Erde in Hülle und Fülle hervor. Was wir noch zusätzlich zu den Gaben aus unserem Garten nötig hatten, kauften wir preiswert in den Geschäften. Am Mississippi vertrieben wir uns die Zeit mit Angeln von Fischen, die wir in großen Bottichen heimtrugen. Wir fingen auch Garnelen und sammelten Krabben. In den Sümpfen stiegen wir umher und hielten nach Schildkröten und jungen Alligatoren Ausschau. Im Wald jagten wir Hasen, Opossums und Waschbären. Einen besonderen Spaß bereitete es uns, wenn wir auf Bäume klettern konnten, um uns Pfirsiche, Bananen und Orangen zu pflücken, und die Nüsse schüttelten wir von den Bäumen.

Kochen lernte ich schon sehr früh. Ich war immer der Meinung, daß gutes Essen zum Leben gehört wie die Sonne am Himmel, weil es uns Menschen Kraft und Stärke gibt. Von klein auf habe ich den Ehrgeiz entwickelt, bekömmlich, gut und reichlich zu kochen. Und später, als ich mir jedes Essen hätte leisten können, war mir nach einem Konzert die Hausmannskost noch immer am allerliebsten.

Ich lernte schon früh, Verantwortung für meine Familie mit zu übernehmen. Wie oft stand ich am Herd und bereitete das Essen zu. Später, als ich eine berühmte Sängerin geworden war, ließ ich es mir nicht nehmen, für meine Gäste selbst zu kochen. Während meine Freunde und Bekannten im Wohnzimmer saßen, lachten und scherzten, zauberte ich die köstlichsten Speisen nach guter alter Hausmannsart auf den Tisch.

Einmal schob ich, da gerade ein Festtag war, eine Pute in den Backofen. Plötzlich mußte ich an alte Zeiten denken. Ich war so lange auf Konzertreise gewesen und mußte Gasthausspeisen zu mir nehmen, daß mich jetzt seltsame Gelüste überkamen. Heimlich backte ich mir ein Maisbrot und kochte mir Kutteln.

Als den Gästen der Duft in die Nase stieg, stürzten sie in meine Küche und sagten: „Aber nach Truthahn riecht es nicht bei dir, Mahalia!"

Es blieb mir nichts anderes übrig, als mit ihnen meine Köstlichkeiten zu teilen. Den Putenbraten konnte ich dann zwei Stunden später auf den Tisch bringen.

Maisbrot und Maisbrei sind sehr billig und geben Kraft. Sie waren das Hauptnahrungsmittel der Schwarzen. Dazu aßen sie gerne Bohnen, Salat und süßen Sirup. Auch Kutteln waren äußerst preiswert. Am besten ist es, wenn man sie in Eimern vom Schlachthof mit nach Hause nimmt. Es handelt sich dabei um Kuhmägen. Sie müssen mit viel Wasser saubergeschabt und dann gekocht werden. Wichtig sind bei der Zubereitung die Gewürze wie Knoblauch, Zwiebeln, Pfefferschoten und Gartenkräuter. Mindestens zwei Stunden lang muß das Ganze im eigenen Sud vor sich hin köcheln, dann wird es mit Salat und Kartoffeln auf den Tisch gebracht. Das schmeckt einfach köstlich!

Zum Trinken gab es meistens Orangentee. Die Schalen der Apfelsinen wurden in der Sonne getrocknet und dann zu Pulver zerkleinert. Mit Zuckersirup gesüßt, liebten wir Kinder dieses herrliche Getränk.

Weihnachten kochte Tante Duke selbst, dann gab es Spezialitäten, die einem das Wasser im Munde zusammenlaufen ließen. Meist fing sie schon zwei, drei Tage früher mit den Vorbereitungen an. Anstelle von Kutteln und Preßkopf stand ein Gänsebraten auf dem Herd, oder es gab Truthahn und verschiedenes Gemüse. Manchmal backte sie eine ganze Nacht lang, und der Geruch von Plätzchen und Gewürzkuchen stieg uns Kindern in die Nase. Weihnachten bot auch die einzige Gelegenheit im Jahr, an der die Nachbarn ins Haus kamen und Wein angeboten wurde. Man prostete sich dann gegenseitig zu und wünschte sich fröhliche Weihnachten. Die Erinnerung an die Festtage ist mir lieb und wertvoll geblieben. Später, als ich meinen eigenen Haushalt führte, habe ich viele Leute in meine Wohnung eingeladen und für alle Gäste gebacken und gekocht. Der Tag der Geburt von Jesus soll die Christen erfreuen. Essen und Trinken schaffen eine wohlige, harmonische Atmosphäre. Sie verbindet die Menschen miteinander, und dabei kommt auch ein gutes, herzliches Gespräch in Gang.

Musik, Musik

Ich habe zu singen angefangen, als ich meine ersten Schritte in die Welt setzte und meine ersten verständlichen Worte über meine Lippen brachte. Ich hatte schon als Baby eine sehr kräftige Stimme und war, von Musik umgeben, groß geworden. New Orleans war die Stadt der Musik. In ihr gab es viele Bands und Chöre. Auf den Booten des Mississippi erklang Musik, und in den Straßencafés und Kabaretts ertönten die Lieder. Ragtime, Blues und Jazz waren überall zu hören.

Es war die Zeit, in der die Grammophone aufkamen. Jeder, der es sich leisten konnte, stellte sich einen solchen Apparat in die Wohnung. Caruso und andere berühmte Sänger konnte man hören, wenn man an den Häusern der Weißen vorbeiging. Die Schwarzen aber lauschten den farbigen Blues-Sängern. Durch die dünnen Bretterwände der Farbigen konnte man den Blues laut und kräftig hören.

Ein besonderer Tag war für mich Allerheiligen. Tausende von Menschen zog es zum Friedhof, wo sie die Gräber ihrer Lieben mit Kränzen und Blumen schmückten. Den ganzen Tag über blieben sie auf dem Friedhof und sangen wunderschöne Lieder.

Zu Hause bei Tante Duke durften wir kaum einmal spielen. So zog es mich immer wieder in die Kapelle der Baptisten-Gemeinde. Wer dort beim Putzen und Saubermachen half, durfte auch die Glocken läuten, und am Samstag wurden sogar Stummfilme gezeigt.

Gottesdienst und Gebetsstunden fanden jeden Abend statt. Es gab wirklich eine Menge zu sehen. Ein besonderer Höhepunkt waren die Evangelisationsveranstaltungen, in denen die Besucher auch zum Glauben an Christus fanden.

Sünder, die in den hinteren Bänken saßen, kamen nach vorn, damit der Prediger für sie beten konnte und sie gerettet wurden. Am Taufsonntag zogen alle, voran die Frauen ganz in Weiß, aus der Kapelle die Straße hinunter ans Flußufer. *„Let's Go Down to the River Jordan"* sangen sie, und dann hielt der Prediger unten am Mississippi den Gottesdienst, segnete das Wasser und taufte die Gemeindeglieder.

Wenn jemand damals getauft war, kümmerte sich die Gemeinde auch um ihn. Die Missionare der Kirche behielten die Getauften im Auge und paßten auf, ob sie zum Gottesdienst und zur Gebetsstunde gingen und ein christliches Leben führten.

Am liebsten sang ich mit der Gemeinde in unserer Kirche, der Mount Moriah Baptist Church. Ich hörte Füße und Händeklatschen um mich herum, und das gab mir Schwung. Ich mochte das viel lieber, als oben im Chor zu sitzen und den Choral zu singen. Mit Begeisterung sang ich die Songs, die die Herrlichkeit des Herrn bezeugen. Schon David hat in der Bibel gesagt: *„Jauchzet dem Herrn alle Welt"* - und das tue ich!

* * *

Heute weiß ich, daß die Heiligungskirchen, die es bei uns im Süden gab, mein Leben stark beeinflußt haben. Ich selbst bin immer Baptistin gewesen, aber direkt neben unserem Haus in New Orleans war eine Heiligungsgemeinde. Die Leute hatten weder einen Chor noch eine Orgel. Sie benutzten Trommel, Cymbal, Tamburin und Triangel. Alle in der Kapelle sangen; sie klopften und stampften mit den Füßen und bewegten den ganzen Körper. Sie tanzten Beat, kraftvollen Beat - ein Rhythmus, an dem wir seit unserer Sklavenzeit festhalten -, und die Musik war so stark und ausdrucksvoll, daß sie mir Tränen in die Augen trieb.

Ich glaube, Blues und Jazz und selbst Rock 'n' Roll haben ihre Prägung von der Heiligungskirche. Wir Baptisten sangen gefühlvoll den Kurz-Lang-Rhythmus der schönen Songs wie *„Amazing Grace How Sweet Its Sound"*, aber wenn die Heiligungsleute mit Elan *„I'm So Glad Jesus Lifted Me Up"* anstimmten, wurde ein richtiges Jubilieren daraus.

* * *

Andere starke Einflüsse in meinem Leben, wenn man von der Kirche und von Tante Duke absieht, empfing ich von meinem Vetter Fred. Tante Dukes einziger Sohn war schon ein großer Junge, als ich ins Haus kam, und als ich zwölf Jahre alt wurde, war er ein erwachsener Mann.

Fred war der einzige, der mit Tante Duke fertig wurde. Er lachte, wenn sie schimpfte, und ging seiner Wege, und sie konnte nichts dagegen tun, als ihn liebzuhaben. Er war ein großer, pechschwarzer, gutaussehender Mann mit Zähnen wie Perlen und einer schmalen Nase. Er trug sein Haar kurz gestutzt in feinen Wellen, und wenn er ausging in die Stadt, zog er sich aufreizend an.

Ich war wahnsinnig in ihn verliebt und fand das Leben, das er führte, immer aufregend.

Fred arbeitete schwer am Hafen und auf dem Fluß, aber eigentlich hatte es ihm das große Leben von New Orleans angetan. Er galt bei den anderen jungen Farbigen und bei den Mädchen als Weltmann, verstand sich mit den Spielern und den Musikern sehr gut und kannte sich im Nachtleben der Innenstadt aus. Fred liebte Musik und kaufte Blues- und Jazzplatten, soviel er konnte.

Tante Duke hat das nie erfahren, aber während sie bei den Weißen kochte, spielte ich den ganzen Tag lang Freds Schallplatten - vor allem Blues-Songs von Bessie Smith. Bessie war meine Lieblingssängerin, aber ich erzählte niemandem, daß ich mir ihre Platten anhörte. Mamie Smith, die andere bekannte Blues-Sängerin, hatte eine hübschere Stimme, aber in Bessies Stimme war mehr Seele. Sie ging einem ans Herz und ließ einen nicht wieder los. Ihre Musik verfolgte einen noch, wenn sie längst aufgehört hatte zu singen.

* * *

Ich selbst singe keinen Blues - nicht mehr seit damals, als ich ein Kind war. Nachtclub-Engagements nehme ich überhaupt nicht an. Aber man muß wissen, was der Blues uns damals bedeutete, um recht zu verstehen, was es mit ihm auf sich hat. Überall im Süden spielten wir Farbigen immer und immer wieder diesen Blues, damit die Last leichter wurde und wir Mut bekamen, nicht aufzugeben. Vielleicht könnten wir eines Tages davonzugehen und frei zu sein.

* * *

Wäre Tante Duke nicht so konsequent und streng gewesen, hätte mich meine Lebenslust in eine andere Richtung geführt. Ihr verdanke ich die Kraft, daß ich überlebt und mich sogar behauptet habe.

Nicht weit von unserm Haus gibt es einen großen, beliebten Tanzsaal. Dort durften die Kinder aus der Nachbarschaft abends von acht bis neun Uhr hingehen und tanzen, während sich die Band einspielte. Ich hätte auch gerne dort getanzt. Aber Tante Duke sagte bloß zu mir: „Du kannst dich vor die Haustür setzen und den Klamauk anhören. Anschließend kommst du rein und legst dich schlafen!"

Am Sonntagnachmittag, wenn meine Freundinnen am Ufer spielten, nahm sie mich regelmäßig zu einer ihrer Frauengruppen mit, die sie leitete. Ich sollte dort das Protokoll führen, da ich ja in der Schule lesen und schreiben gelernt hatte. So bin ich sehr früh „Sekretärin" geworden. Ich war nicht begeistert von meiner Aufgabe und kochte manchmal vor Wut. Aber hätte ich es wagen können, mich Tante Duke zu widersetzen?

Mich zog es mit aller Macht in die weite Welt, der Drang nach Freiheit war sehr groß in mir.

Nachdem ich die achte Klasse beendet hatte, nahm ich eine Stelle als Wäscherin an, um ein bißchen Geld zu verdienen. Oft mußte ich mehr als zehn Stunden am Tag arbeiten und wurde eine gute Plätterin. In drei Minuten konnte ich ein Hemd bügeln.

Während ich am Waschtrog stand, überlegte ich, welchen Beruf ich ergreifen könnte. Für eine Schwarze war es im Süden nur möglich, Krankenschwester oder Lehrerin zu werden. Was für mich sonst noch in Frage kam, war die Welt der Musik, in der mein Vetter Fred lebte. Sängerin hätte ich werden können. Aber die Welt der Unterhaltung war zu stürmisch für mich und machte mir angst.

In dieser Zeit wachte ich eines Nachts auf und hörte Tante Duke weinen. Es war das einzige Mal, daß ich bei ihr Tränen sah. In ihren Händen hielt sie ein Telegramm, in dem es hieß, daß Fred tot sei. Kein Mensch in der Familie hat je erfahren, was sich da zugetragen hatte. War es ein Unfall oder war es sein oberflächlicher Lebenswandel, der ihn ins Unglück gestürzt hatte?

Als meine Mutter starb, war ich gerade fünf Jahre alt und begriff den Tod noch nicht. Aber jetzt, da Fred tot war, geriet ich durch dieses schreckliche Ereignis in eine tiefe Krise. Fred wurde neben unserer kleinen Kapelle beigesetzt. Eine riesige Menschenmenge nahm daran teil. Fred war kein Heiliger, aber bei den Leuten war er doch sehr beliebt.

Als die Musikkapelle die Begräbnismusik spielte, meinte ich, mein Herz müßte mir brechen.

Ein Schritt näher zu Gott

Nachdem Fred tot war, wurde mir klar, daß auch ich New Orleans verlassen sollte. Viele Farbige brachen mit ihren Flußschiffen nach Norden auf, um sich bessere Jobs als Kellner und Köche in den Schnellzügen zu suchen. Damals fing die Glanzzeit der großen Züge an.

Meine Unruhe wuchs von Tag zu Tag. Doch Tante Duke wollte es mir nicht erlauben, ebenfalls dorthin zu reisen.

Aber Papa fuhr nach Norden, um sich die Lage anzusehen und nach einem Job Ausschau zu halten. In Chicago gefiel es ihm nicht. Er hatte Angst, von Gangsterbanden umgebracht zu werden. Auch die Größe der Stadt erschreckte ihn. Was er einmal bei einem seiner Besuche erzählte, versetzte mich in Angst.

Ich vertraute auf die Gemeinde und hoffte, sie könnte mich vor bösen, verbrecherischen Menschen schützen.

So brach ich mit sechzehn Jahren von zu Hause auf. In meinem Portemonnaie hatte ich das wenige Geld, das ich mir als Plätterin und Kindermädchen zusammengespart hatte. Tante Duke schimpfte: „Du gehst in eine sündige Stadt!" aber keiner konnte mich zurückhalten. Ich war nun fast eine junge Frau und mit einem festen Willen begabt.

Eine Tante nahm mich nach Chicago mit. Bevor wir aufbrachen, kochten wir uns genügend zu essen und bewahrten alles in einem großen Korb auf. Zwei Nächte und einen Tag saßen wir auf einer Bank im

Zug. Es dauerte noch viele Jahre, bis ich einen Speisewagen oder ein Schlafwagenabteil von innen zu sehen bekam. Ich mußte viele Jahre im Norden und auch im Süden herumreisen, bevor ich in einem Zug ein Bett zum Schlafen bekommen konnte oder im Speisewagen essen durfte, ohne daß man mich hinter eine Trennwand steckte, damit die Weißen mich nicht zu sehen brauchten.

Es war kurz vor Weihnachten, als wir den Zug bestiegen. Der Schnee wirbelte durch die Luft, und der Wind war eisig. Meine Zähne klapperten vor Kälte, als wir vor den Bahnhof traten. Ich staunte, als ich mit einem Taxi, das ein Weißer lenkte, vor ein großes, vornehmes Haus fuhr, in dem eine andere Tante von mir wohnte. Ich armselige Farbige aus einer Barackensiedlung sollte in einem solch wunderschönen Steinhaus wohnen?

Beeindruckt hat mich auch das kirchliche Leben. Die Kirche war damals - noch mehr als heute - für die Farbigen der Mittelpunkt des gesellschaftlichen Lebens, und Tausende von uns gingen sonntags zwei- oder dreimal zum Gottesdienst und ebensooft in der Woche. Bei den großen Kirchen mußte man sich eine Stunde vorher anstellen, wenn man im Morgengottesdienst einen Sitzplatz bekommen wollte, und wenn die Leute in großen Limousinen angefahren kamen, gingen einem die Augen über.

Da, wo ich mit meinen Tanten wohnte, und die ganze Prärie- und Indiana Avenue entlang, kauften Schwarze Häuser und richteten sie hübsch her. Sie pflanzten Blumen und Sträucher, brachten Markisen auf ihren Balkons und Terrassen an und plauderten über die guten Zeiten und über Dinge, für die man sein Geld ausgeben konnte.

Es war aufregend, so viele Schwarze zu sehen, denen es gutging. Ich besuchte Konzerte und war begeistert, wenn ich schwarze Sänger und Sängerinnen hören konnte. Ich stand Schlange, wenn ich Bessie Smith hörte, und lauschte, wie ihre Stimme den ganzen Raum ausfüllte. Ich ging erst dann nach Hause, wenn das Theater für die Nacht geschlossen und ich hinausgeworfen wurde.

Der Besuch in der Avenue war ein wahres Fest für mich. Meine eigene Familie war erst vor kurzer Zeit aus New Orleans gekommen, so daß wir nicht viel Geld hatten. Meine Tante Hannah und meine Tante Alice arbeiteten beide als Köchinnen bei weißen Familien drüben auf der North Side von Chicago. Bevor ich meine Ausbildung als Krankenschwester beginnen konnte, bekam Tante Hannah Asthma und Herzbeschwerden, und der Doktor steckte sie ins Bett. Damit blieb nur Tante Alice als Ernährerin der Familie übrig, und ich konnte nichts anderes tun, als tüchtig mit anzupacken. Statt die Schwesterntracht anzuziehen, fand ich mich hinter Waschzuber und Bügelbrett wieder, wie es in New Orleans gewesen war. Dienstmädchen und Wäscherinnen waren das allerletzte, aber etwas anderes hatte ich nicht gelernt.

Ich weiß noch, wie dunkel diese Tage waren. Der Winterwind in Chicago nimmt einem buchstäblich den Atem, und solange ich noch für einen warmen Wintermantel sparte, hatte ich nur Trainingsblusen und Pullover, um mich gegen den Wind zu schützen. Vor Kälte zitternd, saß ich in der Hochbahn und schaute zu, wie der Schnee im Licht der Straßenlaternen stob und wirbelte, während die Sonne eben aufzugehen begann - das war die Zeit, in der ich niedergeschlagen und einsam war und mich in Chicago fürchtete. Kälte und Lärm schienen auf mich einzuschlagen, und zwischen den großen Gebäuden war mir zumute, als sei ich nach Chicago gekommen, um in einem Gefängnis zu leben. Oft wünschte ich mir, ich könnte weglaufen - heim nach New Orleans. Aber nachdem ich es einmal geschafft hatte, nach Chicago zu kommen, hielt ich es auch durch.

Fünfzehn Jahre lang fuhr ich nicht nach New Orleans zurück. Und alles, was ich heute bin, verdanke ich Chicago, denn in Chicago fand der Schwarze offene Türen.

Hier ging mir zum ersten Mal auf, daß die Weißen im Süden die Farbigen an der Kette hatten. Ich mußte daran denken, wie sie ein Maultier an der Uferböschung um einen Pflock grasen ließen - bis zu einem gewissen Kreis durfte das Tier das Gras abfressen, aber nicht weiter. So hielten sie es auch mit den Schwarzen. Wenn ich daran zurückdachte, wurde mir klar, wie einfältig es gewesen war, das einfach hinzunehmen.

Auf der South Side besaßen viele Farbige ein Geschäft. Die Delikatessenläden und Bekleidungsgeschäfte gehörten noch den Juden, und es gab viele, die Friseurläden und Drugstores und kleine Eßlokale besaßen. Wenn ein Farbiger ein Geschäft hatte - selbst wenn es nicht mehr war als eine Würstchenbude oder ein Beerdigungsinstitut oder ein kümmerlicher Friseurladen - so war es doch sein Eigentum. Es begeisterte mich, das alles zu sehen, und während ich mit der Hochbahn durch die Stadt fuhr und bei den weißen Leuten im Seifenschaum meine Hände blutig schrubbte, stellte ich mir manchmal vor, daß ich eines Tages mein eigenes Geschäft besitzen würde.

Weil Tante Hannah krank war, mußte es in unserer Wohnung ruhig zugehen, und damit wir Kinder abends einmal herauskamen, nahm Tante Alice uns mit in ihre Kirche. Das war das Wunderbarste, was mir je passiert ist. Es brachte mich von Anfang an in Chicago auf den rechten Weg.

Nur ein paar Wochen später lernte ich Reverend Johnson, der die Gemeinde gegründet hatte, und seine Familie kennen. Das Ehepaar hatte drei Söhne und eine Tochter, alle ungefähr in meinem Alter, und die ganze Familie verbrachte den größten Teil ihrer Freizeit in der Gemeinde. Als sie hörten, daß ich gerne sang, forderten sie mich auf, für ihren Chor vorzusingen.

Der Chor bestand aus fünfzig Personen, aber bei der ersten Probe übertönte meine Stimme alle übrigen. Als der Chorleiter uns mit der Hand das Zeichen gab abzubrechen, wäre ich am liebsten gestorben. „Aus", dachte ich, „jetzt schickt er dich auf dem kürzesten Weg zur Tür hinaus."

Statt dessen bat er mich, nach vorne zu kommen und ein Solo zu probieren. Ich entschied mich für *„Hand Me Down The Silver Trumpet, Gabriel"*. Die ganze Zeit betete ich inbrünstig, daß ich nur bis zum Ende durchhalten möchte, aber allen gefiel mein Singen so gut, daß ich gleich in den Chor aufgenommen wurde.

Die Greater Salem Baptist Church wurde meine zweite Heimat. Ich freundete mich mit der Familie Johnson herzlich an, und wenn ich abends mit der Hochbahn von meiner Arbeit als Wäscherin auf die North Side zurückkam, stieg ich gewöhnlich an der Haltestelle in der Nähe der Kirche aus und besuchte die Johnsons. Ich ging zu den Gemeindefesten und Picknicks und nahm an den Dampferausflügen auf dem See teil. Gottesdienste gab es nicht nur sonntags, sondern auch in der Woche, und bald füllte mich das Gemeindeprogramm so aus, daß mein Heimweh nach New Orleans schwand. Ich war beglückt darüber, wie hell mein Leben mit einem Mal wurde, und hoffte immer noch, bald eine Schwesternausbildung machen zu können und einen Weg zu finden, der mich für immer die Wäschezuber vergessen lassen würde.

Singen, singen!

1929 geriet Amerika in eine riesengroße Wirtschaftskrise. Jeden Tag wurden Menschen arbeitslos. Vor allen Dingen verloren die Farbigen ihre Stellen. Die Menschen schlichen in den Straßen herum, standen in Schlangen vor den Banken, beweinten den Verlust ihrer Ersparnisse, knieten sogar nieder und beteten zu Gott.

Alles, was sich die Menschen erarbeitet hatten, war mit einem Schlag verloren. Es konnte einem das Herz aus dem Leibe reißen, wenn man sah, wie verzweifelt die Leute waren. Ihre Träume von einem besseren Leben waren zerbrochen. Nachts schliefen Hunderte von Männern auf der Straße und deckten sich mit alten Zeitungen zu. Suppenküchen wurden eingerichtet, in denen sich Hungernde einen Teller Essen holen konnten.

Wer einen Dollar verdiente, hatte ein schlechtes Gewissen, wenn er ihn für sich selbst ausgab. Ich erinnere mich, wie ich einmal einen Dollar fünfundsiebzig mit Wäschewaschen verdient hatte und auf dem Heimweg an so einer Brotschlange vorbei mußte. Ich angelte das Geld aus der Tasche und sagte den Leuten, sie sollten mitkommen. Wir kauften uns einen Sack Kartoffeln, einen Berg geräucherter Rippchen und ein Stück vom Kamm, nahmen alles mit zu mir nach Hause und kochten uns ein gewaltiges Abendbrot.

In dieser Zeit fingen viele Männer mit dem Glücksspiel an. In manchem Laden wurde nie ein Buch verkauft. Er diente nur als Tarnung für Wetten. Frauen verkauften ihren Leib, um mit dem so erworbenen Geld die Familie zu ernähren.

Ich kann Gott nur danken, daß er schützend und bewahrend seine Hände über mich gehalten hat.

Gerade junge Menschen gerieten in große Versuchungen. Ihre Widerstandskraft, dem Übel zu trotzen, war unter dem Druck der wirtschaftlichen Not sehr angeschlagen.

Mir wurde Gottes Handeln in dieser Zeit besonders deutlich, und die wirtschaftliche Flaute gab mir den Anstoß zur Karriere als Gospelsängerin.

In der Baptisten-Gemeinde bildete sich eine kleine Sing- und Spielgruppe. Robert Johnson war erst achtzehn Jahre alt, aber begabt und voller neuer Ideen. Er sprühte vor Lebensfreude und Kreativität. Die Sketche schrieb er selbst und leitete auch die Aufführungen. Sie wurden ein großer Erfolg. Es waren immer Stücke mit geistlichem Inhalt. Eins hatte den Titel *„Von der Erde zur Herrlichkeit"*.

Auch unsere Aufführungen fanden Anerkennung und Lob. Wir nannten uns die „Gospelsingers". Es folgten sogar Einladungen in andere Kirchen und Konferenzen.

Immer wieder lobten die Zuhörer meine Stimme. Manche rieten mir, sie ausbilden zu lassen. Ich ging daher zu einem Opernsänger zum Vorsingen. Dieser aber kritisierte so viel an mir herum, daß mir beinahe die Lust an der Musik genommen worden wäre. Ich geriet in eine Krise, gab dem Professor meine vier Dollar und ging fort, ohne je wieder in meinem Leben eine Unterrichtsstunde zu nehmen.

In der Singgruppe mußte ich oft solo singen. Das brachte mir Erfolg. Ich erhielt immer neue Einladungen. Die Kirchen der Farbigen waren sonntags immer voll besetzt. Nicht alle lebten ihrem christlichen Glauben gemäß, aber in die Gottesdienste gingen doch viele.

Ich reiste sogar in die anderen Staaten, um meine Gospels zu Gehör zu bringen, und die Farbigen freuten sich über diese Musik, weil sie sie in den Südstaaten selbst gesungen hatten. Die Gospelsongs waren für sie wie ein Brief aus der Heimat.

Mein Verdienst war sehr gering, aber ich wurde von einer Kirche zur andern weitergereicht. So blieben mir in mancher Woche doch bis zu fünfzig Dollar. Das war mehr, als ich mit Hemdenbügeln verdienen konnte.

Da ich öfter unterwegs war, passierte es, daß ich meinen Job als Wäscherin verlor. Ich fand eine neue Arbeit und mußte an einem Fließband Datteln in Schachteln schichten. In der Fabrik herrschte kein gutes Betriebsklima. Die Maschinen waren laut, und die Arbeiter waren sich oft so böse wie Katz und Maus. Ständig gab es Querelen. Es herrschten Zank und Streit am Arbeitsplatz. Einmal gingen sogar zwei farbige Mädchen mit Messern aufeinander los.

Noch am gleichen Tag ließ ich mir meinen Lohn auszahlen und erschien niemals wieder in dieser Fabrik. Statt dessen erhielt ich einen Job als Dienstmädchen in einem Hotel. Jeden Tag mußte ich für zwölf Dollar dreißig Zimmer putzen. Einmal war ich in einem Hotel Zimmermädchen, in dem zwanzig Jahre später für mich ein Festessen gegeben wurde, nachdem ich zum ersten Mal im Fernsehen aufgetreten war.

Nicht alle Pastoren schätzten die Gospelsongs. Das Händeklatschen und Stampfen mit den Füßen schockte einige. Mir aber gefielen die fröhlichen Lieder, weil das Evangelium eine Freudenbotschaft ist.

Als ich einmal von einer Kanzel herab kritisiert wurde, stand ich auf und erwiderte: „Ich bin dazu geboren, Gospelmusik zu singen. Ich diene Gott von meiner Jugend auf, und ich habe nie eine Ausbildung gemacht. Jeden Tag lese ich die Bibel und liebe den Psalm, wo es heißt: *‚Ihr Völker alle klatscht in die Hände, jauchzet Gott mit jubelndem Schall'.*"

* * *

Farbige gebrauchen gerne Hände und Füße, um die wundervolle Gnade Gottes zu rühmen. Wenn ich in Konzerten singe, flüstere ich manchmal nur, manchmal singe ich laut heraus und dränge den Rhythmus mächtig voran, und manchmal steige ich einfach von der Bühne herunter und gehe auf die Knie und singe mit den Leuten zusammen, und nachher in meinem Umkleideraum singe ich immer noch weiter, bis ich alles gesagt habe, was ich in mir spüre.

* * *

Ich habe in meinem ganzen Leben nur Gospelsongs gesungen, und das hing mit einem Gelübde zusammen, das ich als junges Mädchen einmal abgelegt habe. Mein Großvater Paul war aus New Orleans zu uns in den Norden gekommen. Er wollte uns besuchen. Ich bat ihn, bei einem Fotografen ein Foto machen zu lassen. Aber im Studio brach er mit einem Schlaganfall zusammen. Man brachte ihn sofort in eine Klinik. In einem Taxi fuhr ich mit Tante Hannah zu ihm. Als wir an sein Bett traten, atmete er kaum noch.

„Bleibt er am Leben?“ fragten wir den behandelnden Arzt auf der Intensivstation.

Dieser schüttelte nur mit dem Kopf. „Er wird noch nicht einmal die Nacht überleben“, war seine Antwort. „Bleiben Sie hier bei ihm“.

Tante Hannah war außer sich vor Angst. Sie schob mir die Schuld in die Schuhe. „Hättest du ihn nicht bei dieser schrecklichen Hitze zum Fotografen geschickt“, schluchzte sie, „wäre das Elend nicht über uns gekommen. Wenn Großvater stirbt, dann trägst du die Verantwortung!“

Ich fühlte mich durch diese schweren Anschuldigungen sehr verletzt. Ich verließ sein Krankenzimmer, ging einen langen Gang entlang, fand ein leeres Zimmer, warf mich auf die Knie und bat Gott, mir doch alle meine Sünden zu vergeben und Großvater am Leben zu erhalten. „Wenn du, lieber Gott, meine Bitte erhörst, will ich ein reines Leben führen, so gut ich es vermag. Nie wieder will ich in ein Theater gehen.“ Nur für dich will ich meine Lieder singen.

Ich suchte nach etwas, was mir viel bedeutete. Das wollte ich Gott opfern und ihm meine Dankbarkeit zeigen. Neun Tage lang wiederholte ich das Gelübde, während die Ärzte sich um sein Leben mühten. Gott erhörte mein Gebet. Großvater ging es mit der Zeit immer besser, ja, er wurde wieder ganz gesund und lebte dann noch einige Jahre.

Ich habe mein Gelübde gehalten und nie mehr einen Fuß ins Theater gesetzt. Ich wollte nur noch für Gott singen, und nichts in der Welt konnte mich von meiner Berufung, Gospelsängerin zu werden, abhalten.

„Viele gute Freunde von mir treten in Theatern auf. Ich glaube nicht, daß dies eine Sünde ist, wenn Menschen tanzen und singen und sich gut unterhalten. Ich gehe einfach nicht ins Theater, weil ich gelobt habe, ein Opfer zu bringen, und dieses Gelübde halten will."

Außerdem hat mich das schillernde Leben im Showgeschäft nie fasziniert.

* * *

Ich habe nie danach gestrebt, mir einen Platz in der großen Gesellschaft zu erobern. Auch später, wo ich mir finanziell vieles leisten konnte, besaß ich noch immer keinen teuren Schmuck. Ich besaß nur ein Kruzifix mit Diamanten, das mir Harry Belafonte einmal geschenkt hat. Außer meinem Ehering ist dies mein einziger Schmuck.

Alles, was ich zu meinem Glück brauche, ist ein sauberes Haus mit einer gut eingerichteten Küche, in der ich für meine Gäste etwas Gutes kochen kann. Die meiste Zeit, wenn ich zu Hause bin, verbringe ich mit Freunden in der Küche. Wir schälen Kartoffeln, Erbsen oder schneiden Salatblätter und Bohnen. Aber ich muß meinen Platz am Herd regelrecht behaupten, denn in meiner Familie und unter meinen Bekannten gibt es viele gute Köche, die sich auch beweisen wollen. Mein Onkel Porter, der früher im Speisewagen bei der Eisenbahn war, fühlte sich wie im Himmel, wenn er tüchtig in den Töpfen rühren kann. Das Fett spritzt dann nur so durch die Gegend. Dann renne ich laut schreiend in mein Schlafzimmer und rufe: „Onkel Porter macht meine Küche zu einem Schweinestall, und ich kann nichts dagegen tun." Aber wenn er die Schüsseln mit herrlich gebratenem Schinken, Mais, Bohnen und Salat hereinträgt, ist ihm alles verziehen.

Meine Heirat

Als ich 24 Jahre alt war, lernte ich einen jungen Farbigen kennen, der gerne an der Universität Chemie studiert hätte. Aber wegen der Weltwirtschaftskrise war ihm dies unmöglich geworden. Er konnte nur noch einen Job als Briefträger bekommen. Ich arbeitete damals als Zimmermädchen und sang in Gemeinden.

Wir verliebten uns ineinander und heirateten auch. Unsere Hochzeit feierten wir im kleinen Rahmen. Es war ein recht dürftiger Anfang. Kurz darauf verlor mein Mann, Isaak Hockenhull, seine Arbeit. Seine Mutter besaß einen Kosmetikladen, und so schufteten wir bis in die Nächte hinein und füllten Duftwässerchen und Cremes in Flaschen und Dosen. Wenn ich zu Musikaufführungen reiste, nahm ich immer einen kleinen Koffer voll Kosmetika mit und verkaufte sie nach dem Gospelkonzert.

Mein Mann war nicht damit einverstanden, daß ich durch meine Reisen so oft von ihm getrennt war. Er liebte mich, aber zu meiner Berufung als Gospelsängerin hatte er ein gespanntes Verhältnis. Er wollte, daß ich mich zur Konzertsängerin ausbilden lassen sollte. So gab es oft Streit zwischen uns. Er hatte vor, immer mehr aus mir zu machen. Ich aber liebte meine Gospelsongs, wie sie im Süden bei unseren großen Erweckungsversammlungen dargeboten und auch von den Besuchern selbst gesungen wurden. Als Kind hatte ich das alles intensiv miterlebt und war davon geprägt. Nie würde ich damit aufhören, in meinen Konzerten meine Lieder zu singen. Gospelsongs sind Lieder der Hoffnung. Während ich sie sang, fielen Lasten von mir ab. Ich gewann das Gefühl, daß es für alles Leid, für alle Verletzungen, für alles Unrecht eine innere Heilung gab. Wenn ich Gospelsongs sang, dann wurde ich froh, und mein Herz jubelte.

Die Schwierigkeiten mit meinem Mann lagen auch darin, daß er, anders als ich, in keiner christlichen Gemeinde beheimatet war. So nahmen die Konflikte immer mehr zu, bis sie schließlich eskalierten.

An einem Morgen, als wir beide ohne Arbeit dastanden, stritten wir uns heftig. Ich war nämlich als Zimmermädchen entlassen worden, und am Theater wurde eine Sängerin für eine bestimmte Aufgabe gesucht.

Isaak fragte mich, ob ich nicht dorthin gehen wollte, um mich für den Job zu bewerben. „Du wirst nie etwas damit erreichen, daß du herumrennst und dir die Lunge aus dem Leib brüllst mit diesen Gospelsongs", schrie er mich an. „Begreifst du nicht, daß Gott dir eine Stimme gegeben hat und du sie nicht gebrauchst, um eine große Künstlerin zu werden?"

„Sie nicht gebrauchen?" schrie ich zurück. „Ich gebrauche sie für Gottes Arbeit, jawohl, das tue ich! Wenn ich singe, will ich keine große Künstlerin sein. Ich will einfach singen, wie ich empfinde."

Isaak hatte nur noch ein Argument auf Lager; aber es war das eine, das zählte. „Wir haben kein Geld im Haus, Mahalia", sagte er. „Mit dieser Arbeit am Theater verdienst du sechzig Dollar die Woche. Ich gehe jetzt, um mir Arbeit zu suchen. Du mußt es einfach auch tun!"

Er legte den Zeitungsausschnitt auf den Tisch und ging.

Dies war der traurigste Tag in meinem ganzen Leben, und kaum jemand verstand es, daß sich alles in mir gegen diese Ansicht meines Mannes wehrte. Aber ich ging recht niedergeschlagen zum Theater und fragte, wo denn der Raum zum Vorsingen sei. In mir sträubte sich alles gegen diese Art von Musik.

Die Dame, die mich in Empfang nahm, fragte nach meinen Noten.

Ich schüttelte mit dem Kopf, denn ich hatte nur das Sonntagsschul-Liederbuch bei mir. Ich zeigte ihr „Gospel Pearls" und sagte: „Daraus wollte ich Ihnen etwas vorsingen."

Die Dame schaute sich mein Liederbuch an und winkte ab: „Das geht auf keinen Fall. Gehen Sie ins nächste Musikgeschäft und kaufen Sie sich Noten."

Das tat ich. Ich hielt nach einem Musikladen Ausschau und sah mir einige Notenbücher an. Schließlich fand ich ein Blatt mit dem Spiritual *„Sometimes I Feel Like A Motherless Child"*. Damit machte ich mich wieder auf den Weg zum Haus, in dem nun schon viele junge Damen warteten, die sich alle um den Job bewerben wollten.

Mir war sehr elend zumute. Ach, könnte ich mich doch wieder verdrücken. Wäre ich doch bloß nicht hierhergekommen.

Aber nun war es schon zu spät. Plötzlich wurde mein Name aufgerufen.

Ich blieb wie festgefroren auf meinem Stuhl sitzen. Schließlich erhob ich mich und ging auf den Mann zu, der am Klavier saß. Als er zu spielen anfing, schwieg ich und setzte erst beim zweiten Mal ein, als er die Partie wiederholte.

Keiner hätte dieses Lied wohl so eindrucksvoll singen können wie ich, denn ich fühlte mich wirklich wie ein von der Mutter verlassenes Kind.

Als ich geendet hatte, herrschte große Stille im Raum. Eine Stecknadel hätte man fallen hören können.

Dann fragte mich der Prüfer: „Warum haben Sie nicht gleich beim ersten Mal zu singen begonnen, als der Song für Sie gespielt wurde?"

„Ich habe dieses Lied noch nie gehört", war meine Antwort.

„Aber es steht genau so auf dem Notenblatt", belehrte er mich.

Ich zuckte bloß mit den Schultern, denn Noten konnte ich nicht lesen. Was hätte ich dem Prüfer da sagen sollen?

Die Sachverständigen tuschelten miteinander und schauten zu mir herüber. Ich ahnte schon ihre Antwort, und das machte mich noch unglücklicher.

Ich ging die Stufen hinunter dem Ausgang zu und lief auf der Straße rastlos hin und her. Dann stieg ich in eine Straßenbahn, die mich wieder nach Hause brachte.

In unserer Wohnung erwartete mich bereits mein Mann. „Du hast gewonnen", rief er mir freudestrahlend entgegen. „Das Theater hat schon angerufen. Du bekommst die Rolle und sollst sofort mit den Proben beginnen, Mahalia, du bist echt ein Glückskind. Du hast es geschafft."

Ich nickte bloß, sank in den Sessel und fragte nur: „Na, wie ist es dir denn ergangen?"

„Ach, ich habe auch einen Job", antwortete er mir.

Mit einem heftigen Ruck stand ich auf. „Die Sache ist entschieden. Dann brauche ich ja diese Rolle nicht mehr anzunehmen. Ich steige aus aus diesem Theater."

Mein Mann war wütend. Sein Zorn uferte aus. Ich dachte nur: Jetzt bricht das Ungewitter über mich herein. Er redete und redete, aber ich merkte, daß er mich nicht umstimmen konnte. Schließlich gab er sein Schimpfen auf. Ein anderes Mädchen erhielt die Rolle.

Von diesem Tag an war das Verhältnis zu meinem Mann sehr gestört. Er begriff, daß er mich nie zu einer Konzertsängerin würde machen können. Weil ich darauf beharrte, Gospelsängerin zu bleiben, brach unsere Beziehung immer mehr auseinander. Mein Mann wollte sich nicht damit abfinden, daß ich im Land umherreiste und er allein zu Hause sitzen mußte, weil ich für Gott sang. Aber ich hätte nicht anders handeln können. Ich mußte meiner Berufung nachkommen und allein zu Gottes Ehre singen.

Ein anderes Problem in unserer Ehe war die Wettleidenschaft meines Mannes. Er ging fast zu jedem Rennen. Ich war zu sehr in meiner Kirchengemeinde engagiert, um sein Tun gutheißen zu können.

Einmal gab er mir 2000 Dollar. Ich sollte sie aufbewahren. Ich war gerade im Aufbruch nach Detroit und wollte das viele Geld nicht auf meine Reise mitnehmen. So legte ich Schein um Schein unter den Teppich.

Als ich wieder von meiner Fahrt nach Hause kam, war das ganze Geld verschwunden. Mein Mann hatte die Dollars entdeckt und sich davon ein Rennpferd gekauft.

Wir trennten uns und ließen uns später scheiden, aber wir blieben Freunde.

Es geht wieder aufwärts

Die Weltwirtschaftskrise ging allmählich zu Ende. Auch ich erholte mich wieder von den Tiefschlägen meines Lebens. Es ging wieder aufwärts mit mir. Ich brauchte mir nun nicht mehr als Zimmermädchen oder als Waschfrau mein Geld zu verdienen. Ich erkannte aber, daß ich mir mit dem Singen nicht genug verdienen konnte, um meinen Lebensunterhalt davon bestreiten zu können. So versuchte ich, mir ein Geschäft aufzubauen. Jeden ersparten Pfennig legte ich auf die hohe Kante.

Ich ließ mich als Friseuse ausbilden. 1939 hatte ich endlich so viel zusammengespart, daß ich einen Friseursalon eröffnen konnte. An Kunden fehlte es mir nicht. Viele Frauen kannte ich durch meine Auftritte in der Kirche. Meine Konzerte hatten mich bekannt gemacht. In kürzester Zeit mußte ich fünf Mädchen einstellen.

Später betätigte ich mich auch als Floristin und eröffnete einen Blumenladen, der das Geld in der Kasse klingeln ließ. Ich wurde immer wieder gebeten, auf Beerdigungen zu singen, und so kauften die Trauernden auch ihre Blumen gerne bei mir im Geschäft.

Die Einladungen, in Konzerten und kirchlichen Einrichtungen zu singen, nahmen zu. Sie überstiegen meine Erwartungen. Ich sang bei großen Veranstaltungen in Zelten, aber auch in kleinen Ladenkirchen. Manchmal mieteten die Christen Ballsäle an, in denen ich meine Gospelsongs singen durfte. Immer ging es mir darum, die Nähe zu meinen Zuhörern zu haben, und so verkaufte ich selbst die Eintrittskarten und begrüßte mein Publikum schon vor Beginn der Aufführungen immer sehr freundlich an der Kasse.

Einmal meinte ein Reporter zu mir: „Frau Jackson, Sie müssen am Eingang verschwinden, sonst werden Sie noch fotografiert, wie Sie Eintrittskarten für Ihr eigenes Konzert verkaufen."

„Ach, das macht doch nichts," antwortete ich ihm, „dann sehen die Leute, daß ich soviel Verstand besitze, um auf mein eigenes Geld aufzupassen."

Dies sagte ich im Scherz, aber später stellte sich heraus, daß es unter den Veranstaltern einige schwarze Schafe gab, die mich um mein Geld prellen wollten. Ich mußte schon sehr aufpassen, daß ich nicht über den Tisch gezogen wurde. Gospelsongs wurden immer beliebter. Auch Menschen, die sonst nie in die Kirche gingen, liebten diese Musik. So erhielt ich viele Einladungen. Aber manchmal versuchten Veranstalter, mich mit einem Trick um meine Gage zu bringen. So wandte ich die Methode an, erst zu singen, wenn ich mein Geld ausgehändigt bekommen hatte.

Trotzdem habe ich eine üble Erfahrung machen müssen.

Einmal wurde ich nach Philadelphia eingeladen. Der Veranstalter setzte alles daran, um mich zu engagieren. Ich will ihn einfach Mister Smith nennen. Er kam bis nach Chicago gereist, um mit mir in meiner Wohnung darüber zu reden. In einem großen Stadion sollte ein Konzert stattfinden. Ich sagte zu, aber als ich nach Philadelphia reiste, sagte er mir, ich könnte erst morgen singen. Gleichzeitig erzählte er mir, daß in einer anderen Stadt ein großes Konzert stattfände, wo ich auch singen könnte. Er wollte alles für mich in die Wege leiten, da die Menschen mich sicher gerne hören würden.

Als ich in dieser Stadt ankam, wurde ich überrascht. In den Geschäften und an den Litfaßsäulen hingen Plakate, auf denen mein Name stand.

Ich fragte den Veranstalter, wie er so sicher hätte sein können, daß ich ihm zusage, hier aufzutreten.

Mit windigen Worten redete er sich heraus und entschuldigte sich, daß wohl die Informationen nicht richtig weitergeleitet worden wären. Man habe ihm versichert, daß ich singen würde.

Darüber war ich erbost, denn ich spürte, daß da üble Machenschaften im Gange waren. „Wissen Sie", erklärte ich ihm, „mir wäre es das liebste, Sie würden meinen Namen von den Plakaten streichen und den Leuten an der Kasse sagen, daß ich nicht auftrete."

Draußen strömten die Menschen in Scharen herbei, die zum Gospelkonzert kommen wollten. Der Mann versuchte, seine Hände in Unschuld zu waschen, und brachte sehr fadenscheinige Argumente. „Ich kann die Besucher jetzt nicht heimschicken. Das geht nicht", versuchte er mich umzustimmen. „Ich habe schon finanzielle Abmachungen getroffen."

Ich entgegnete ihm: „Ich soll hier im Konzert singen, und deshalb müßten sie auch die Gage mit mir besprechen. Ich singe nur, wenn Sie mir Bargeld auf den Tisch legen."

Dann setzte ich mich in den Sessel und wartete auf seine Antwort.

Aufgeregt lief der Mann in seinem Büro hin und

her und rieb sich die Hände. Immer wieder erwähnte er, daß er doch schon das Geld für meinen Auftritt bezahlt habe.

Mich aber rührten seine Argumente überhaupt nicht. Der Saal war mit Menschen gefüllt, die meinetwegen gekommen waren. Sie wurden schon ungeduldig und fingen an, mit den Füßen zu trampeln. Mich bekümmerte dies alles nicht. Ganz ruhig fragte ich noch einmal: „Bekomme ich jetzt mein Geld, oder soll ich mit dem Taxi zum Bahnhof fahren und die Stadt verlassen?"

Er ging aus seinem Büro, prüfte noch einmal seine Einnahmen und kam mit einem Bündel Scheine zu mir zurück.

Ich verstaute das Geld in meiner Tasche, ging auf die Bühne und sang meine Lieder. Die Zuhörer waren begeistert, und ich wurde wie ein großer Star gefeiert.

Spätabends fuhr ich dann zurück nach Philadelphia. Mein Auftraggeber tat immer noch so, als sei alles in bester Ordnung.

Ich schwieg auch und sang in meinem Konzert, so wie ich es mit ihm vereinbart hatte. Danach fuhr ich in sein Haus zurück. Freunde der Musik und eine Gruppe von Pfarrern hatten sich dort versammelt und gaben einen Empfang für mich.

Auch Mr. Smith kam dazu und schüttelte allen die Hand. Als ich an der Reihe war, fragte er mich, ob denn alles in Ordnung sei.

„Wenn Sie mir jetzt mein Honorar aushändigen, wie ich es mit Ihnen vereinbart habe, dann bin ich mit allem zufrieden", gab ich ihm zu verstehen.

Nun war er doch leicht verschnupft. Er spielte darauf an, daß ich ja schon am Abend zuvor Geld für mein Konzert bekommen hätte, denn er habe dies ja arrangiert. Er wollte einen Anteil davon haben.

Ich weigerte mich, denn ich hatte an zwei Abenden gesungen. Er wollte mir nicht den vollen Betrag auszahlen. So blieb ich im Sessel sitzen und sagte: „Ich bleibe jetzt so lange hier sitzen, bis ich den vollen Betrag in meiner Tasche habe."

Mr. Smith wurde wütend, rannte aus dem Zimmer und war nach einer Minute wieder zurück. In seiner Hand hielt er eine Pistole und fuchtelte damit in der Gegend herum. „Verschwindet alle", brüllte er los, „sonst lasse ich euch festnehmen!"

Ich nahm meine Sachen und fuhr mit einem Taxi in mein Hotel. Freunde hatten für mich ein Zimmer für die Nacht besorgt.

Am anderen Morgen wurde ich schon sehr früh durch Schläge an der Tür geweckt. Mr. Smith stand davor. Ein Polizist begleitete ihn.

Gemeinsam fuhren wir zum Gericht und verhandelten eine Stunde lang. Ich konnte die Polizei überzeugen, daß ich recht hatte, und der Betrug von Mr. Smith kam ans Licht.

Durch diese bedrückende Erfahrung habe ich gelernt, nur für ehrbare Organisationen zu singen und nicht für solche dubiosen Veranstalter, die das Evangelium in einen schlechten Ruf bringen.

In dieser Zeit begann ich damit, Schallplatten zu produzieren. Ich sang eines Tages in einem Aufnahmestudio ein Lied, das ich schon seit meiner Kindheit sehr liebte. Besonders der Text beeindruckte mich tief:

„Eines Tages werde ich mein Kreuz niederlegen
und eine Krone in Empfang nehmen.
Sobald ich meinen Fuß in die neue Welt Gottes setze,
werde ich meine Last abwerfen.
Ich werde herrliche Gewänder anziehen
und in Zion, der Stadt Gottes, einziehen."

Die Aufnahmeleiterin hörte das Lied und war begeistert.

Überall im Osten und im Westen, im Süden und im Norden wurden meine Platten ein großer Erfolg und tüchtig verkauft. Fast zwei Millionen wurden in kurzer Zeit umgesetzt. Dieses Lied machte mich berühmt, aber nur in der Welt der Schwarzen.

Ich wurde sogar eingeladen, vor etlichen Professoren zu singen, weil dem Leiter einer Universität dieses Lied so gut gefallen hatte.

Auf einem großen landwirtschaftlichen Gut, auf dem musikalische Festspiele stattfanden, sollte ich meine Lieder darbringen. Als ich dort ankam, wurden auf dem Gehöft noch Vorbereitungen für dieses Konzert getroffen. Überall liefen die Handwerker mit Hammer und Säge durch die Gegend. Nachts schliefen sie im Kuhstall, und mir hatten sie eine alte Pferdebox als Schlafstatt hergerichtet.

Ich dachte bei mir: Nun habe ich es endlich geschafft, meinen Fuß in die Welt der Weißen zu setzen, aber seht euch bloß an, wo ich gelandet bin: im Stroh eines Pferdestalles.

In der Remise, die zu einer Art Diele umgebaut worden war, durfte ich vor dem hohen Gremium singen.

Nachdem ich meine Lieder gesungen hatte, begannen die Musikprofessoren zu diskutieren. Sie fragten mich, wo ich denn das Singen gelernt hätte und wer meine Lehrer gewesen seien. Von wem denn der Rhythmus stamme?

Ich erzählte ihnen, daß ich in einer Baptistenkirche und bei Gebetsveranstaltungen gesungen hätte. Ich hätte einfach Freude an den Gospelsongs gehabt. In meinem ganzen Leben hätte ich noch nie eine Unterrichtsstunde genommen. Ich sänge einfach aus einem starken inneren Bedürfnis.

Es folgte dann noch eine lange Diskussion. Erst sehr spät kam ich zum Schlafen in meine Pferdebox. Als ich am Morgen aufwachte, tönte mir von allen Seiten meine Musik entgegen. Die Professoren hatten meine Lieder auf Tonbandgeräte aufgenommen. Meine Songs hatten ihre Herzen berührt.

Einer der Herren sagte mir: „Mahalia, wenn Sie zur Tür hinausgegangen und an den See gezogen wären und hätten das Lied *‚Shall We Gather At The River‘ (Sollen wir uns am Fluß versammeln)* gesungen, ich wette, alle Professoren wären hinter Ihnen hergegangen und hätten sich taufen lassen.“

Wer seine Hand an den Pflug legt

Nach dieser Begegnung mit den Professoren war es, als sei ein Damm für mich gebrochen. Ich wurde überall im Land bekannt, und ihnen habe ich es zu verdanken. Ich erhielt so viele Einladungen wie nie zuvor.

Man bat mich, in einer Fernsehshow und in der riesigen Carnegie Hall in New York aufzutreten. Der Ansturm zu dieser Veranstaltung war so gewaltig, daß sogar der Verkehr zeitweise zusammenbrach. Von überall her strömte das Publikum. Alle Galerien und alle Logen waren besetzt. Nachdem der letzte Stehplatz verkauft worden war, stürmte das Publikum auf die Bühne und setzte sich einfach auf den Fußboden. Für mich blieb nur ein wenig Platz neben dem Klavier übrig.

Ich konnte es nicht begreifen, daß Tausende von Menschen gekommen waren, um mich zu hören. Ich war doch bloß Zimmermädchen und Haushaltshilfe, Kindermädchen und Friseuse. War es Wirklichkeit oder bloß nur ein Traum, daß ich vor so vielen Menschen auftreten durfte? Fast verschlug es mir den Atem, als ich zur Menschenmenge hinunterschaute. Würde ich auf dieser Bühne überhaupt einen Ton herausbringen, auf der Künstler wie Caruso gesungen hatten?

Und plötzlich begriff ich, daß diese vielen Schwarzen von weit her gekommen waren, um hier eine der Ihren singen zu hören. So sang ich aus voller Kehle und mit frohem Herzen:

„So, wie ich bin, komm ich zu dir.
Herr, dein Erbarmen gilt auch mir.

Du lösest mich aus Schuld und Tod:
So komme ich, mein Herr und Gott.

So, wie ich bin - du zeigst den Weg,
alles in deine Hand ich leg'.

Auch wenn die Angst mich noch bedroht:
So komme ich, mein Herr und Gott."

Die Menschen unten im Saal begannen in Freudenschreie auszubrechen. Sie hoben ihre Hände, klatschten und stampften mit den Füßen. Ein Jubel brach an. Manche erhoben sich von ihren Sitzen und tanzten in den Gängen, und dabei liefen ihnen die Freudentränen über Jesu große Tat am Kreuz über die Wangen.

Ich war so mitgerissen von diesem Geschehen, daß ich auf der Bühne niederkniete und so für meine Zuhörer sang.

Schließlich stand ich auf und sagte: „Laßt uns daran denken, daß wir in der Carnegie Hall sind. Wenn wir es zu toll treiben, werden wir vielleicht noch rausgeschmissen."

Noch nie, auch nicht bei so berühmten Künstlern wie Toscanini und Goodman, waren so viele Konzertbesucher gekommen. Wir brachen sämtliche Rekorde. Von nun an wurde ich immer und immer wieder dorthin eingeladen.

Außerdem erreichten mich Bitten, nach Europa zu kommen. Dänemark und Frankreich wollten mich unbedingt sehen und hören. An der französischen Akademie für Musik gewann meine Schallplatte mit dem Gospelsong *„I Can Put My Trust in Jesus" (Ich setze mein Vertrauen auf Jesus)* einen Preis. Ich sagte mir: Wenn ich in Europa so geehrt werde, muß ich auch dorthin gehen und singen. Ich will mich damit für diesen Preis bedanken.

So setzte ich mich ins Flugzeug. Als ich in Paris landete, war ich von Menschen umringt. Ich wurde von so vielen begrüßt, daß sogar die Polizei einschreiten mußte, damit ich von der Menge nicht erdrückt wurde.

Auch wenn z. B. in Dänemark der Text nicht verstanden wurde, so griff die Melodie den Menschen ans Herz, und viele weinten in meinen Konzerten.

In Kopenhagen brachten mir sogar Kinder Blumen in die Hotelhalle. Meine Lieder wurden zu einem Riesenerfolg. Das Lied *„Stille Nacht, heilige Nacht"* wurde fünfzigtausend Mal als Schallplatte verkauft.

Aber diese Auftritte kosteten mich auch viel Kraft. Ich verlor in drei Monaten 90 Pfund. Früher war ich stark und kräftig, aber plötzlich fühlte ich mich so schwach, daß ich mich nicht mehr auf den Beinen halten konnte. Mir blieb nichts anderes übrig, als mich ins Bett zu legen und erst dann aufzustehen, wenn ich auf die Bühne mußte. Wie oft habe ich im Ankleideraum den 27. Psalm gebetet, daß Gott mir Kraft zum Singen geben möchte.

An einem Abend wurde ich auf der Bühne ohnmächtig. Ich wurde sofort in eine Klinik nach Chicago zurückgeflogen. Eine große Operation stand mir bevor. Alle Konzerte mußte ich absagen. Ich lag im Krankenhausbett und dachte über mein Leben nach, als es mir wieder besserging. Wie vielen weißen Menschen habe ich mit meinen Liedern Freude gemacht. Sie haben mich dann auch begeistert gefeiert. Sie gaben mir das Gefühl, auch als Schwarze angenommen zu sein. Ich dachte: Vielleicht würde man mich um meiner selbst willen anerkennen und mich nicht mehr zurückstoßen, nur weil ich eine Schwarze bin.

Ich hatte in diesem Punkt recht, denn 1954 wurde ich aufgefordert, in einem Radioprogramm meine Lieder zu Gehör zu bringen. Außerdem wurde mir die Tür zum Fernsehen aufgestoßen.

Die Kritiker waren freundlich und behandelten mich mit Ehrerbietung. Einer schrieb nach der ersten Show: „Wenn Mahalia singt, fangen sogar die Fahrstuhlführer im Haus an zu wippen. Die Zuschauer weinten bei ‚Summertime', wiegten sich im Rhythmus von *‚Joshua Fit The Battle Of Jericho'* und waren so erschüttert von *‚Didn't It Rain'*, daß eine Pause eingelegt werden mußte."

Jede Woche sang ich eine halbe Stunde Gospelsongs oder auch andere geistliche Lieder, die Mut zum Glauben machten. Finanziert wurden diese Sendungen von einem Mann aus Irland. Der Regisseur war Jude. Diese Musiksendungen wurden so gut von den Zuhörern angenommen, daß ich mir eines Tages sagte: „Warum senden wir die Lieder nur über den Ortssender in Chicago und nicht über das ganze Netz?"

Ein peinliches Schweigen war die Folge. „Das geht nicht", wurde mir erklärt, „kein Sponsor, der seine

Waren auch im Süden verkauft, würde es wagen, eine farbige Sängerin auftreten zu lassen. Er hätte Angst, sich seine Kunden zu verprellen."

Ich begriff nicht, was ich da eben gehört hatte. Immer mehr Weiße kamen in meine Konzerte, sogar im Süden, und ich sollte nicht im Radio oder Fernsehen singen dürfen? Ich brachte doch nur religiöse Lieder zu Gehör. Wie konnte ein Christ etwas dagegen haben, daß ich Glaubenslieder singe? Ich verstand die Welt nicht mehr. Was sind das für Leute, die mich ablehnen, nur weil ich eine Schwarze bin? Ich will doch bloß die Liebe Christi bekannt machen.

Ich hatte soviel Erfolg in der Carnegie Hall und bei meinen Auftritten in Europa, daß ich darüber vergessen hatte, wie die Schwarzen vor allen Dingen in den Südstaaten diskriminiert wurden. Es war mir, als würde sich der Himmel mit dunklen Wolken überziehen.

Diese negativen Erfahrungen wirkten sich sehr nachhaltig auf mein Gemüt aus. Früher, als ich noch nicht so berühmt war, war die Welt der Schwarzen mein Zuhause. Ich hatte nicht so intensiv erlebt, wie die Weißen die Schwarzen behandelten.

Nun war ich in vieler Leute Mund, und die Weißen wollten meine Manager, Anwälte und Agenten sein. Mir wurde einsichtig: Auf der Bühne ist mir der Ruhm sicher, aber wenn ich die Konzerthalle verlasse, werde ich noch oft wie eine Aussätzige behandelt.

Ich erfahre ein Wechselbad der Gefühle, wenn ich mit ansehen muß, wie niederträchtig und gemein die Schwarzen von Weißen behandelt werden. Dann möchte ich vor Wut aus der Haut fahren. Manchmal aber ergreift mich ein tiefes Mitgefühl, weil sie sich so in Haß und Ablehnung verstricken. Dann möchte ich einfach nur für ihre Seele beten.

Auf einer größeren Konzertreise fuhr ich von Virginia bis Florida. Schwarze und Weiße saßen Seite an Seite in den Konzertsälen.

Ich hatte die Platzanweiser gebeten, sie möchten zu den Besuchern sagen: „Kommen Sie bitte herein und suchen Sie sich einen Platz aus, wo Sie sitzen möchten."

Stürmisch wurde ich bei meinem Auftritt gefeiert. Die Weißen klatschten genauso begeistert Applaus wie die Schwarzen. Einige kamen auf mich zu, um mir zu sagen, wie sehr ihnen meine Gospelsongs gefallen hätten. Dieser Abend sei ein wahres Vergnügen für sie gewesen.

Aber sobald ich den Konzertsaal verlassen hatte, wehte mir ein scharfer Wind entgegen. Ich fuhr in einem Cadillac. Mein Vater lenkte den Wagen. Diese Fahrt wurde zu einem Alptraum für mich. Während der langen Reise gab es kein Hotel, in dem wir etwas hätten essen oder unterkommen können. Wir wurden nur wegen unserer schwarzen Hautfarbe nicht bedient. Weiße Serviererinnen ließen uns einfach stehen, als sie sahen, daß wir Schwarze waren. Ja, sie erschraken sogar über unsere Bitte, uns die Speisekarte zu bringen. An manchen Tankstellen wurde uns kein Benzin und kein Öl verkauft. Es war kaum auszuhalten, dies mit ansehen zu müssen. Wenn ich eine Toilette aufsuchen mußte, wurde mir frech weg ins Gesicht gesagt, es gäbe keine Toiletten. Die Weißen wurden böse und gehässig, wenn sie uns Schwarze in so einem teuren Auto sitzen sahen.

Wir haben viel Zeit gebraucht und mußten Hunderte von Kilometern fahren, bis wir ein Hotel oder eine Raststätte fanden, wo auch Schwarze bedient und aufgenommen wurden. An manchen Tagen mußten wir uns ausschließlich von frischem Obst ernähren und die Nacht im Auto zubringen, nur weil uns der Haß der Weißen entgegenschlug.

Ich war nach einem Konzert und durch die Beschwernisse einer solchen Fahrt sehr erschöpft. Wenn ich dann am Abend bei einem neuen Auftritt viel Lob und Applaus von Weißen erhielt - es waren zumeist Ärzte, Lehrer, Geistliche, alles gebildete Leute -, hätte ich ihnen am liebsten geradeheraus ins Gesicht gesagt: „Wie berühmt muß einer hier unten in diesem Teil des Landes eigentlich werden, bevor er aufstehen und sagen kann: ‚Laßt uns aufhören, andere Männer und Frauen und Kinder so grausam zu behandeln, nur weil sie als Farbige geboren worden sind!'

Dabei lehrt uns die Wirklichkeit, daß viele Schwarze in den Alltag der Weißen hineinwirken. Die weißen Kinder werden oft von farbigen Kindermädchen erzogen und verbringen mehr Zeit mit ihnen als mit ihren Müttern. So manches weiße Kind hat an einer schwarzen Brust getrunken, ohne daß es die weißen Eltern überhaupt erfahren haben. Ich war ja selbst Kindermädchen, deshalb weiß ich das so gut. Dies war manchmal die einzige Möglichkeit, die Babys zu beruhigen. Sogar wir Teenager haben manchmal so gehandelt, haben die Babys an unserer Brust saugen lassen, bis sie sich beruhigt hatten, damit sie dann die Flasche tranken.

Farbige haben in den Häusern der Weißen als Köche, Chauffeure und Butler gearbeitet. Sie hatten die weißen Kinder ständig um sich herum und haben sie sogar erzogen. Wie viele Weiße vertrauen ihr Liebstes, ihre kleinen Kinder, den Farbigen an. Wie können sie dann an anderer Stelle so hassen und die Schwarzen diskriminieren?

Der Farbige mußte meist die niedrig bezahlten Jobs annehmen.

Ich glaube, in Wirklichkeit legen die meisten Schwarzen nicht halb soviel Wert darauf, mit Weißen zusammen zu sein, wie diese selbst verärgert fürchten. Der Farbige möchte nur gern dort essen und schlafen dürfen, wo es hübsch ist. Er möchte in denselben Läden wie die Weißen einkaufen können, in einem ordentlichen Haus wohnen und Anspruch auf die gleiche Ausbildung haben wie der Weiße.

Was die Geselligkeit anbelangt, hat man uns Farbige so lange aus dem gesellschaftlichen Leben ausgeschlossen, daß wir uns eine eigene Geselligkeit und unser eigenes Familienleben aufgebaut haben, was reich und befriedigend ist. Ich glaube sogar, daß wir in unserem Rahmen oft glücklicher leben als die Weißen.

Seit der Sklaverei ist es die schwarze Frau im Süden gewesen, die die Last auf sich nehmen mußte, die Kraft und Würde der farbigen Familie aufrechtzuerhalten. Selbst wenn sie dem Weißen zu Willen war - und das muß oft gewesen sein, denn viele, viele Schwarze in diesem Land sind nicht so schwarz wie ich -, glaube ich, daß sie mit dem Gutsherrn oder dem Verwalter oder seinen Söhnen ging, damit diese die farbigen Männer auf ihren Plantagen weniger schikanierten. Sie hatte Einfluß auf die weißen Männer und konnte dafür sorgen, daß sie ihre Leute freundlicher behandelten.

Unten im Süden hat der Weiße dem Schwarzen nie einen Job gegeben, auf den er stolz sein konnte. Er hat immer „Boy“ zu ihm gesagt oder ihn bei seinem Spitznamen gerufen. Es war schwer für farbige Kinder, stolz auf Väter zu sein, die man so behandelte, und gewöhnlich war es die farbige Mutter, die für eine gewisse Würde in der Familie sorgen mußte, um die Rolle der Minderwertigkeit auszugleichen, die der Weiße ihrem Mann aufzwang. Sie trug den Kopf hoch und gab ihren Kindern ein Beispiel.

* * *

Vor der farbigen Jugend liegt ein langer Weg, um das Beste aus ihrer gewonnenen Freiheit zu machen. Vor allen Dingen braucht sie Bildung. So müssen die jungen Leute lernen, sich Wissen anzueignen. Bildung ist für die Farbigen eine wichtige Forderung in ihrem Leben. Beten, studieren, arbeiten, das ist die Devise für unsere junge Generation.

Auch im Leben der Kirche war die schwarze Frau die treibende Kraft. Ihren letzten Dollar legte sie auf den Kollektenteller, den sie sich mit Waschen der Wäsche und Putzen verdient hatte. Sie wußte, welch wichtiger Grundpfeiler die Kirche für die Schwarzen darstellte. Ich bin sehr stolz auf unsere schwarzen Frauen, die sich für Gott und ihre Familie trotz widriger Umstände aufopfern.

Die Kirche im Leben der Schwarzen

In unseren Gottesdiensten geht es sehr lebendig zu. Wir freuen uns, daß wir Gemeinschaft miteinander haben dürfen, und singen gerne unsere eigenen Lieder voller Inbrunst und Wärme. Ja, wir stampfen mit den Füßen auf den Boden, um unseren tiefen, glücklichen Gefühlen Ausdruck zu verleihen. Die Predigt dauert meist zwei Stunden und wird durch geistliche Lieder unterstrichen. Mir bedeutet der Glaube an Jesus alles, und ich möchte nicht nur Gospelsängerin sein, sondern auch Evangelistin. Ich will Menschen sagen, wer Jesus Christus ist. Er ist der Heiland und Retter für uns Menschen. Am liebsten würde ich über das weite Fernsehnetz die frohe Kunde ausrichten. Ich möchte mit dazu beitragen, daß junge, farbige Männer und Frauen sich zum Missionsdienst rufen lassen und auch in der Chorarbeit und in der Verkündigung mitwirken. Gott hat uns die höchste Gabe, seinen Sohn, als Erlöser gegeben. Ihn gilt es unter Schwarz und Weiß bekannt zu machen.

Ich sehe viele begabte Menschen, und ich will ihnen eine Chance geben, Boten Jesu Christi zu werden. Gott hat mich vom Waschtrog weggeholt, er hat mich gerufen, als ich Fußböden scheuerte, und mir eine wunderbare Aufgabe zugedacht. Nie will ich das vergessen, was seine Gnade mir Gutes getan hat.

Es macht mich traurig, unendlich traurig, wenn ich sehe, wie unsere wunderbaren Gospelsongs verformt und entheiligt werden. Neulich ging ich an einem

Vormittag durch die Straßen New Yorks. Da hörte ich durch die Tür in einem Nachtclub einen Gospelsong, den ich als Kind schon in unserer Heiligungskirche gesungen habe. Er war total verfremdet und seinem eigentlichen Sinn entstellt. Eine Farbige mit rotgefärbten Haaren tanzte zu diesem Lied Swing.

Die Bar war voll besetzt mit Weißen, die lachten und in die Hände klatschten. Barkeeper klopften auf Tamburinen den Rhythmus dazu. Kellnerinnen servierten Drinks auf Tamburinen. Dieser Anblick widerte mich an. Ich empfand die Situation als entwürdigend und gotteslästerlich. Hier wurde etwas Heiliges mißbraucht, nur um schnelles Geld zu machen. Dadurch wird der Heilige Geist betrübt. Gospelsongs sollen allein zur Ehre Gottes gesungen werden.

Ich darf in meiner Kirche singen

Ich wurde eines Tages vom Fernsehen gebeten, für Weihnachten ein musikalisches Programm zusammenzustellen. Es tat mir leid, absagen zu müssen, da ich über die Feiertage gerne nach New Orleans fahren wollte. Über dreizehn Jahre war ich nicht mehr zu Hause gewesen. Nun war es wirklich an der Zeit, wieder in die Heimat zu kommen. Daraufhin wurde ich gefragt: „Wäre es Ihnen auch möglich, an Heiligabend in Ihrer Kirche für uns zu singen?"

„Aber klar, das mache ich sogar sehr gern," war meine glückliche Antwort.

Mein Herz wurde darüber warm. Für mich gab es nichts Schöneres, als in meiner Kirche das Lob Gottes weiterzusagen. Schon als ich fünf Jahr alt war, begann ich dort im Kinderchor zu singen. Alles kam mir wie ein Traum vor.

Die Tage vor meiner Abfahrt brachte ich mit Einkaufen zu. Ich brauchte viele Geschenke, denn es waren eine ganze Reihe Kinder in der Zwischenzeit in meiner Verwandtschaft geboren worden. Außerdem lebten noch viele Onkel und Tanten, Nichten und Neffen in dieser Stadt. Die Fahrt mit dem vollbepackten Auto wurde für mich zu einem frohen Erleben. Ich konnte kaum stillsitzen, wenn ich an all die Leute dachte, die ich beschenken wollte.

Meine Gedanken gingen aber auch zurück in die Zeit, als ich meine Kindheit und Jugend hier zubrachte. Meinen eigenen Leuten in der winzigen Kapelle würde ich ein wunderschönes Weihnachtsprogramm anbieten dürfen.

Eine Woche vor Heiligabend kam ich in New Orleans an. Für mich war es so, als ob jeder Tag Weihnachten wäre.

In der Stadt hatte es sich herumgesprochen, daß in unserer Kirche eine Fernsehsendung gedreht würde. Nun kam gleich am ersten Abend, kaum daß ich mein Zuhause betreten hatte, der Pastor der großen Gemeinde und fragte an, ob ich nicht dieses Weihnachtsprogramm in ihrer Kirche abhalten könnte. Sie hätten auch große Chöre mit ausgebildeten Sängern, dadurch würde sich die Sendung eindrucksvoller gestalten lassen.

Ich sagte „Danke!“ und lehnte das Angebot ab. Mir war meine Gemeinde, wo ich zum Glauben an Christus gefunden hatte, so wertvoll.

Ich krempelte die Ärmel hoch und setzte alles in Bewegung. Ich wollte es den großen Gemeinden zeigen, was wir auch in unserer kleinen Kapelle zustande bringen würden. Schon am nächsten Tag setzte ich mich ans Steuer meines Wagens und versuchte, einen Teil unserer früheren Chormitglieder zusammenzutrommeln. Damals waren wir noch Kinder. Viele kannten mich nicht mehr und wußten auch nicht, daß ich Gospelsängerin war. Die Menschen in meiner Stadt waren meist arm und besaßen keinen Fernseher. Nun sahen sie mein großes Auto und fragten sich schüchtern, ob ich denn noch eine von ihnen war. Aber ich redete mit ihnen, erzählte von früher und machte ihnen bewußt, wieviel sie mir bedeuteten. Wir erinnerten uns an frühere Zeiten, wo wir zusammen am Mississippi gespielt hatten und zum Beispiel Lieder sangen: „*Couldn't Hear Nobody Pray*" *(Da war keiner, der betet)* oder „*When The Saints Go Marchin' In*" *(Wenn die Heiligen in den Himmel einmarschieren).*

Während ich mich ereiferte, von meiner Kindheit zu erzählen, tauten auch meine alten Freunde auf. Sie luden mich zum Essen ein und kochten ein altes Louisiana-Gericht. Ihre Liebe berührte mich im Innersten. Mit großem Appetit aß ich rote Bohnen, Reis, Tomaten, getoastetes Brot mit dicken Austern und Meeresfrüchten. Riesengroße Schüsseln mit Gemüse, geräucherten Rippchen und Schinken standen auf dem Tisch. Wir saßen zusammen, waren fröhlich, ja fast ausgelassen, und immer wieder mußte ich ihnen sagen: So etwas Gutes habe ich schon lange nicht mehr gegessen.

Ich bat meine Freunde, mit mir das Weihnachtsprogramm zu singen. Zuerst hatten sie Bedenken, aber dann stimmten sie mir zu. Wir machten uns an die Arbeit. Unser Chor probte jeden Tag.

Meine Gedanken gingen wieder zurück in meine Kindheit, wie ich als kleines Mädchen voller Inbrunst die Jesuslieder gesungen hatte. Vor Glück und Wonne jubelte mein Herz. Wie oft ging ich an die alten Plätze zurück, wo ich vom Schilf aus die Schiffe auf dem Mississippi beobachtet hatte, den Liedern der Fährleute gelausch und zugesehen hatte, wie sie die Waren verluden. Ich suchte die Viertel auf, wo damals die reichen Weißen wohnten und ich als Kind in ihren schönen Häusern arbeitete, in denen Tante Duke kochte. Wie viele hübsche Kleidchen hatte ich von meiner Herrschaft geschenkt bekommen und eine Menge Essen dazu. Jetzt hatte sich die Gesinnung der Weißen radikal geändert. Ihre Hilfsbereitschaft war in Haß umgeschlagen, weil die Schwarzen inzwischen viele Rechte erhalten hatten. Das erfüllte sie mit Bitterkeit und Bosheit.

Am Tag vor Weihnachten nahm ich die Kinderschar der Verwandtschaft mit zum Einkaufen. Das hat mir einen Riesenspaß gemacht. Wir kauften eine Menge bunter Luftballons. Gleich nach dem Abendessen gingen wir zur Mount Moriah Kirche. Pfarrer Hack predigte. Er hatte mich in der Sonntagsschule schon unterrichtet. Damals war ich noch ein kleines Mädchen. Später hat er meine Freundin geheiratet. Wir verlebten einen festlichen und fröhlichen Heiligen Abend. Lange saß ich mit meinen Verwandten zusammen, und wir erzählten von früheren Zeiten. Erst sehr spät legte ich mich zu Bett und schlief lange. Dann aber mußte ich mich beeilen, in die Kirche zu kommen, denn das Fernsehteam war schon bei der Arbeit. Als der Gottesdienst nahte, strömten die Menschen nur so in die kleine Kapelle. Bis unters Dach waren alle Plätze belegt. Es konnte kein Apfel mehr zur Erde fallen, so eng saßen oder standen die Besucher beieinander. Ich sah in die Gesichter der Leute, mit denen ich schon als Kind zusammen im Chor gesungen hatte. Eine tiefe Freude kam in mir auf. Heimat bleibt Heimat, mußte ich denken.

Als die roten Lämpchen aufleuchteten, begannen wir zu singen: *„Geboren in Bethlehem“* und *„Holdes, kleines Jesuskind“*. Über zehn Millionen Menschen verfolgten unsere Sendung am Fernsehschirm. Alles klappte tadellos.

Anschließend feierten wir unseren Fernsehauftritt noch bei uns zu Hause. Die Freunde begleiteten uns. Während wir es uns gut schmecken ließen, klingelte das Telefon unaufhörlich. Telegramme trafen ein. Es war ein Tag, den Gott der Herr selbst gemacht hat. Besonders Tante Duke genoß das Lob, das mir zuteil wurde, und freute sich darüber, daß ich trotz meiner Karriere Gott treu geblieben war.

Auch in New Orleans selbst fand ich große Beachtung. Wenn ich mich auf der Straße oder in einem Geschäft zeigte, wurde ich angesprochen.

Es war ein heißer Tag. Die vielen Gespräche hatten mich angestrengt. Ich hätte mich gerne in ein Restaurant gesetzt und ein Glas Obstsaft getrunken. Aber weit und breit gab es kein Lokal, in dem ich hätte bedient werden dürfen. Die Menschen liebten mich und lobten meine Show, das zeigte die Masse der Post, die eintraf. Aber zwischen Schwarz und Weiß stand eine hohe Barriere, und das schmerzte mich sehr. Noch nicht einmal ein Glas Sprudel durfte ich trinken oder mich in ein Taxi setzen. Erst 1962 hoben die Gaststätten die Rassentrennung auf.

Plötzlich wurde mir bewußt, daß ich hier im Süden nicht bleiben konnte. Ich mußte wieder zurück nach Chicago, wo die Farbigen größere Freiheiten genossen.

Steine auf meinem Weg

Gewiß, in den Südstaaten wurden die Schwarzen sehr diskriminiert, aber auch im Norden stieß ich auf erhebliche Schwierigkeiten, als ich mir ein Haus kaufen wollte.

Ich träumte davon, in einem Eigenheim ganz allein für mich zu wohnen. Von Rasen, Blumen und Bäumen sollte es umgeben sein. Wie viele Tage im Jahr brachte ich in Hotelzimmern zu, daher war mein Drang nach einem schönen eigenen Haus verständlich. Außerdem sang ich sehr gerne, wenn ich in meiner Küche hantierte, kochte, putzte und bügelte, auch wenn es schon recht spät in der Nacht war. Aber leider war dies in einer Mietwohnung nicht erlaubt. Mit meiner kräftigen Stimme hätte ich manchen Schläfer aus dem Bett geholt.

Einmal übernachtete ich bei meiner Freundin, die auch Gospelsängerin war. Bis spätabends saßen wir zusammen und sangen fröhliche Glaubenslieder. Plötzlich kam die Hausbesitzerin die Treppe hoch und pochte energisch gegen die Tür. Sie hämmerte so laut, daß wir schon Angst bekamen, sie würde die Tür einschlagen. Meiner Freundin war diese Situation äußerst peinlich. Ich aber tröstete sie: „Ärgere dich nicht, ich kenne diesen Konflikt, denn ich bin auch Mieterin. Aber das wird sich bald ändern, wenn ich mir ein Haus kaufe. Eines Tages werde ich ein ganzes Appartementhaus mein Eigen nennen. Dann kann ich mit voller Lautstärke singen, bis der Putz von der Decke fällt."

Aber mit dem Hauskauf war das gar nicht so einfach. Ich hatte ein Appartementhaus gekauft, aber nun kamen die Mieter und schimpften, wenn ich laut vor mich hin sang. Also machte ich mich auf die Suche nach einem anderen Haus. Ich fuhr in die Vororte und entdeckte eine herrliche Gegend mit viel Grün. Wenn ich auf einem Schild las „Zu verkaufen!", dann stieg ich aus dem Wagen und schaute es mir näher an.

Es hat schon eine Weile gedauert, bis ich begriff, wie sehr ich diesen Leuten ein Dorn im Auge war. Der Ruhm auf der Bühne hatte mich für die Wirklichkeit blind gemacht. Farbige waren auch im Norden Menschen zweiter Klasse. Immer wenn ich ein Haus erwerben wollte, hieß es: „Es tut mir leid, das Haus ist schon verkauft."

Schließlich ging ich zu einem Makler, und er vermittelte mir das Haus eines Arztes, der mich von meinen Konzerten her kannte. Ihm war es eine Ehre, wenn Mahalia Jackson in seinem Haus wohnen würde.

Aber dann erfuhren die Nachbarn davon und spielten verrückt. Sie taten sich zusammen und berieten, was da zu tun sei. Den Kauf des Hauses konnten sie nicht rückgängig machen, aber sie terrorisierten mich am Telefon. Sogar in der Nacht fand ich keine Ruhe, und sie drohten mir sogar: „Wir jagen das Haus mit Dynamit in die Luft, wenn Sie einziehen. Ihre Gospelsongs und Gebete werden Sie dann auch nicht retten!" Ich ließ mich nicht beirren und zog in mein Haus ein. Aber ich bekam den Ärger der Nachbarn zu spüren. Sie schossen mit Gewehrkugeln durch die Fenster, und fast ein ganzes Jahr lang stand ich unter Polizeischutz.

Ich versuchte, den Kontakt zu meinen Nachbarn über die Kinder herzustellen. Als einmal eine Sendung in meinen eigenen vier Wänden gemacht werden sollte, lud ich sie zu Kuchen und Eiscreme ein. Aber nichts half. Nach und nach verkauften die Weißen ihre Häuser und verschwanden von der Bildfläche. Farbige zogen in diese Gegend: Rechtsanwälte, Ärzte, Geschäftsleute.

* * *

Noch immer ist der Rasen vor den Häusern grün und wunderbar gepflegt, und die Kinder spielen in den Gärten oder flitzen mit ihren Rollschuhen die Straßen auf und ab. Wenn ich am Sonntagmorgen im Garten sitze, herrscht Stille. Ich sehe, wie die Wolken am Himmel dahinziehen und die Vögel singen. Sie sind die einzigen Lebewesen, die nicht wegen mir fortgezogen sind. Es hat sich also nicht bewahrheitet, daß Schwarze die Gegend verschandeln würden.

* * *

In dieser Zeit lernte ich zwei bedeutende Schwarze aus dem Süden kennen, Pastor Abernathy und Pastor Martin Luther King. Sie waren beide jung und begabt.

1954 war ein bewegendes Jahr. Das Bundesgericht hatte die Rassentrennung in den öffentlichen Schulen aufgehoben. Die Weißen im Süden waren darüber voller Wut und Empörung. Das hat die schwarze Bevölkerung nicht eingeschüchtert. Sie wachten endlich auf und kämpften für ihre Rechte.

Kurz vor Weihnachten war Rosa Parks vom Polizeigericht angeklagt worden, weil sich die Näherin geweigert hatte, von ihrem Sitzplatz aufzustehen und einem Weißen Platz zu machen. Daraufhin wurde die Frau von der Polizei festgenommen. Das entfachte einen gewaltigen Flächenbrand.

Die Stadt Montgomery hatte ungefähr 50 000 Einwohner. Aus Protest über dieses unverständliche und brutale Geschehen wurde ein Boykott ausgerufen. 90 Prozent der Schwarzen weigerten sich, die städtischen Busse zu benutzen. Junge farbige Geistliche unter der Leitung von Martin Luther King wollten diese Diskriminierung der Farbigen nicht länger hinnehmen. Sie wiesen ihren Landsleuten den Weg, wie sie ihr hartes Joch abschütteln könnten. Private Mitfahrgelegenheiten wurden organisiert, damit die Schwarzen zur Arbeit kommen konnten.

Natürlich kostete dies Geld, viel Geld sogar, und so fragte Pastor Abernathy Pastor Martin Luther King, ob ich nach Montgomery kommen könnte, um dort ein Konzert zu geben. Diese Männer waren tapfer und in ihrem Entschluß unbeugsam. Sie stellten sich vor ihre Landsleute und kämpften für ihre Rechte.

Ich sagte zu und wohnte bei Pastor Abernathy in seinem weißen Holzhaus. Ich durfte sogar mit meiner Begleitung in den Ehebetten schlafen. Frau Abernathy kochte für uns ein einfaches, aber kräftiges Mittagessen. Dann beteten wir noch zusammen und machten uns auf den Weg, um in der Kirche der Methodisten zu singen. Sie war das größte Gotteshaus in dieser

Stadt. Auf den Straßen sah man überall Polizisten. Weiße versuchten die Kirchenbesucher aufzuhalten, die schon am Nachmittag zum Gotteshaus kamen, obwohl die Veranstaltung erst am Abend um 20 Uhr stattfand. Wir ließen uns nicht aus der Ruhe bringen. Wir sangen unsere Lieder, und die Pastoren predigten.

Immer wieder geschah es, daß die Schwarzen auf gemeine Art an die Wand gespielt wurden. Aber sie ließen sich nicht von ihrem Ziel abbringen, die Rassentrennung abzubauen. Weiterhin wurden die städtischen Busse boykottiert.

Folgende Begebenheit wird erzählt: Ein schwarzer Pfarrer begegnete einer alten, farbigen Frau, die zu Fuß zu ihrer Arbeit ging, während die Busse an ihr vorüberfuhren. Er fragte sie, ob sie nicht erschöpft und müde sei, einen solch langen Fußmarsch jeden Tag auf sich zu nehmen. Sie lächelte ihn an und antwortete: „Früher war meine Seele müde, jetzt aber sind meine Füße müde, weil meine Seele Frieden gefunden hat."

Die Busgesellschaften kamen durch den lang andauernden Boykott in finanzielle Schwierigkeiten und verlangten deshalb den doppelten Fahrpreis von ihren weißen Fahrgästen. Und doch wurde ihr Schuldenberg immer größer. Ein Jahr später ließ der Oberste Gerichtshof der USA folgenden Urteilsspruch verlauten: Die Rassentrennung in Autobussen ist verfassungswidrig.

Die Hoffnung wurde neu geweckt, daß sich der Traum vom gemeinsamen, friedvollen Leben von Schwarz und Weiß erfüllen würde. Gewaltlos und mit passivem Widerstand sollte der Kampf ums Recht geführt werden, so wie es Mahatma Gandhi in Indien proklamiert hatte.

Martin Luther King lernte ich mit der Zeit immer besser kennen. Oft traf er sich mit seinen Beratern in meinem Haus, wenn es darum ging, wie man für diesen friedlichen Freiheitskampf Gelder beschaffen könnte. Wir wurden Freunde. In meinem Haus wurde Geschichte geschrieben. Ein neuer Tag der Gleichheit für uns Schwarze brach an, und ich durfte mit dabeisein. Als überzeugte Christin stellte ich meine ganze Kraft zur Verfügung.

Jede neue Begegnung mit Martin Luther King machte mir mehr bewußt, wie sehr dieser Mensch mit Herzenswärme, Geschick und Können von Gott ausgestattet war. Er wagte es, für die Rechte der Schwarzen zu kämpfen. Ihm war es ein Anliegen, gewaltfrei die Gleichberechtigung zwischen Schwarz und Weiß zu erringen. Wir Farbigen mußten endlich den Gedanken abschütteln, daß wir wertlos seien. Lang genug waren wir gedemütigt worden. Immer wurde uns eingebleut: „Ihr seid nichts, und ihr seid nie etwas gewesen!" Gerade wir jungen Schwarzen litten unter dieser Diskriminierung. Das mußte nun anders werden.

In Washington gab ich ein Konzert. Noch 1939 war einer großen, schwarzen Sängerin verboten worden, dort aufzutreten, nur weil sie eine schwarze Hautfarbe hatte. Welch ein Fortschritt war dies nun für mich, daß ich singen durfte. Der Saal war total überfüllt mit Schwarzen. Sie klatschten in die Hände und bewegten die Füße, als ich meine Gospelsongs darbot. Es war ein großartiges Erlebnis für mich, und mein Herz war mit Freude erfüllt.

Hinterher sprach mich ein junges Mädchen an. Es hatte Tränen in den Augen. „Miss Jackson, wie können Sie singen: ‚*Mein Land ist ein Geschenk von Gott, herrliches Land der Freiheit*', wo Sie doch genau wissen, daß wir als Schwarze von den Weißen nicht geachtet werden? Wir werden doch von den Weißen bloß geduldet. Amerika ist nicht unser Land."

Die Sechzehnjährige weinte und ließ ihren Tränen freien Lauf. Sie sah in mir eine Heuchlerin und meinte, ich hätte die schwarze Rasse im Stich gelassen.

Doch ich sprach dem jungen Mädchen Mut zu: „Amerika ist unser Land. Vor vielen, vielen Jahren hat man uns als Sklaven auf Galeerenschiffen von Afrika hierhergebracht. Hier haben wir das Licht der Welt erblickt. Wir sind Amerikaner genauso wie die Weißen. Gewiß, noch leiden wir unter der Ungerechtigkeit, aber es kommt der Tag, und ihr Jungen werdet ihn erleben, da ihr alle in Freiheit und Würde leben könnt. Ihr Jungen müßt die Schulen besuchen. Ich selbst habe nur wenig lernen können, aber ihr müßt studieren. Bleibt in eurer Kirche und hört auf Martin Luther King. Er wird euch Hoffnung geben und euch auf einem guten Weg in die Freiheit führen. Die Rassentrennung wird noch zu euren Lebzeiten ein Ende finden. Dafür werden wir mit friedvollen Mitteln kämpfen."

Es war die Zeit, als sich im Süden junge Leute mit der Bibel in der Hand in die Kaufhallen und Imbißstuben setzten und warteten, bedient zu werden. „Sit-in" hieß diese neue Methode des gewaltfreien Widerstandes. Oft wurden diese jungen Leute von den Weißen übel behandelt und häßlich beschimpft, aber sie hielten sich an die Anweisung: Nicht schelten, wenn du gescholten wirst, nicht schlagen, wenn du geschlagen wirst. Wie hatte Jesus gesagt? *„Schlagen sie dich auf die rechte Backe, dann halte die linke auch hin!"* Lieben, wo du gehaßt wirst, das ist die neue Marschroute, die von schwarzen Führern ausgegeben wurde.

Natürlich gab es eine Menge Schwarzer, die von dieser Methode nichts hielten. „Das ist ja so wie bei Onkel Tom, der von den Weißen ausgepeitscht wurde und nichts dagegen tun konnte." Dies ist eine altmodische, unrealistische Haltung, die die Schwarzen keinen Schritt in die Selbständigkeit und Freiheit voranbringt. Aber als Nachfolger Christi gilt, daß jeder sein Joch auf sich nimmt und gewaltlos handelt. So lehrte es auch Martin Luther King. Wer den Namen Christi führt, darf nicht ein Mensch der Gewalt und des Hasses werden. Die Bibel sagt: *„Die Starken im Geist müssen das Versagen der Schwachen tragen."*

Es dauerte keine zwei Jahre, da hatte sich das „Sit-in" über den ganzen Süden ausgebreitet. Dadurch wurde erreicht, daß die Farbigen ebenso wie die Weißen in Imbißstuben, Filmtheatern öffentliche Banken, Bibliotheken und an die Badestrände gehen konnten.

Durch das gewaltlose „Sit-in" wurde erreicht, daß die ganze Welt auf Amerika schaute und das Unrecht sah. Jetzt sollte sich dies ändern.

Auf Konzertreise

Als Botschafterin Gottes reiste ich im Land umher und sang meine Lieder. Einladungen aus aller Welt erreichten mich.

Ich fuhr in Begleitung von Mildred Falls mit dem Schiff nach Europa. Bevor die Schiffsirenen aufheulten, kamen noch viele Freunde, um mich zu verabschieden. Körbe mit Obst reichten sie mir zu.

Kaum hatte sich das Schiff in Bewegung gesetzt, da erlitt ich einen Schwächeanfall. Die Konzertreisen hatten mir viel Kraft abverlangt. Große Mutlosigkeit überfiel mich. Ich mußte mir eingestehen, daß ich keine Energie mehr hatte, um die Strapazen einer Konzertreise durchzustehen. Ich lag in meiner Kabine wie tot.

Die Stewardeß brachte mir heißen Tee und Fleischbrühe und redete mir gut zu. Ich solle aufstehen und die Seeluft genießen, riet sie mir. Dann rief sie den Schiffsarzt. Er maß meinen Blutdruck. Er war schlecht.

Ich stöhnte: „Warum nur habe ich mich auf diese Reise gewagt? Ich kann ja gar nicht mehr auf der Bühne stehen und singen."

Der Arzt lachte. „Das ist das Schöne an einer Schiffsreise über den Ozean. Wir haben viel Zeit. Ich werde Sie wieder auf die Beine stellen."

Er verordnete mir einen besonderen Speiseplan. Steaks, Spinat und Trauben standen darauf, und nach jeder Mahlzeit erhielt ich ein Glas guten Weines.

Ziemlich schnell wurden meine Lebensgeister wieder wach. Schon nach zwei Tagen fühlte ich mich besser. Ich begann, das Meer, die Wolken, den Wind und die Wellen zu lieben. Das Rauschen der Wogen wurde mir zu einer wunderbaren Melodie. Ich saß in meiner Kajüte und schaute in die Weite. Es war alles so still und friedevoll. Stundenlang saß ich da und genoß die Ruhe. Sie tat mir wohl, und bald ging es mir wieder besser.

Ich verließ meine Kabine und mischte mich unter die anderen Reisenden. Dabei begegnete ich einem Schauspieler mit Namen Jackie Gleason. Er war auf dem Weg nach Paris, wo er in einem Film mitwirken sollte. Er spielte die Rolle eines Taubstummen, der wortlos die Kraft Gottes deutlich machen sollte.

Am Sonntag besuchte ich den Schiffsgottesdienst und sang das Lied *„Were You There When They Crucified My Lord" (Warst du dabei, als sie meinen Herrn kreuzigten).*

Plötzlich fing das Schiff mächtig an zu schaukeln, aber ich konnte mein Lied noch gut zu Ende singen. Ich war froh, daß ich bald mein erstes Reiseziel, London, erreicht hatte.

In London sollte ich bei einem großen Fernsehprogramm mitwirken. Außerdem stand ein Konzert in der Albert Hall auf meinem Terminkalender. Ich hatte schon einmal früher in diesem Konzertsaal gesungen, aber damals war mir so elend zumute gewesen. Nur unter großen Mühen konnte ich meine Lieder darbringen. War es da verwunderlich, daß mich jetzt erneut die Angst überfiel?

Mir wurde mitgeteilt, daß schon alle Karten für die Sitzplätze verkauft seien. Nur noch Stehplätze konnte man erwerben. Ich war sehr angefochten. Dieses Konzert war eine starke Herausforderung für mich.

Aber ich suchte die Verbindung zu meinem Herrn und betete. Ich fühlte, wie Gott mir ganz nahe war. Das gab mir eine wunderbare Ruhe und viel Kraft.

Mildred begleitete mich auf dem Klavier. Ich betrat die Bühne und wußte genau, Gott hatte mich hierhergestellt.

Erwartungsvoll schauten mich die Augen der Zuschauer an, und ich konnte meine schwache Kraft und Angst vergessen und fühlte meine Berufung: Als Botschafterin Gottes mußte ich das Evangelium in die Herzen der Menschen singen.

Als erstes sang ich das Lied *„My Home Over There"*. Dieses Lied sang ich immer sehr gerne. Es macht mir das Wort des Apostel Paulus lebendig: *„Kämpfe den guten Kampf des Glaubens; ergreife das ewige Leben, dazu du berufen bist und bekannt hast das gute Bekenntnis vor vielen Zeugen."*

Ich sang für Gott, und er schenkte mir dazu seinen Heiligen Geist. Das Lied beinhaltet meine Erfahrung: *„Wenn ich mein Tagewerk vollbracht habe und die Sonne untergeht und ich nach Hause komme in die neue Welt Gottes, dann werde ich in goldenen Gassen wandeln und von jeder Not befreit sein. Erst dann finde ich meine wahre Heimat."*

Die Zuhörer waren ergriffen, weil ich selbst von Gott so ergriffen war. Die Kraft meines Herrn war über mich gekommen, und ich habe ganz neu den Psalm 27 verstehen gelernt:

„Der Herr ist mein Licht und mein Heil; vor wem sollte ich mich fürchten? Der Herr ist meines Lebens Kraft; vor wem sollte mir grauen? Eines bitte ich vom Herrn, das hätte ich gern, daß ich im Hause des Herrn bleiben könne mein Leben lang, zu schauen die schönen Gottesdienste des Herrn und seinen Tempel zu betrachten. Denn er deckt mich in seiner Hütte zur bösen Zeit, er verbirgt mich heimlich in seinem Gezelt und erhöht mich auf einen Felsen und wird nun erhöhen mein Haupt über meine Feinde, die um mich sind; so will ich in seiner Hütte Lob opfern, ich will singen und Lob sagen dem Herrn.

Herr, höre meine Stimme, wenn ich rufe; sei mir gnädig und erhöre mich! Mein Herz hält dir vor dein Wort: ‚Ihr sollt mein Antlitz suchen.' Darum suche ich Herr, dein Antlitz.

Herr, weise mir deinen Weg und leite mich auf richtiger Bahn um meiner Feinde willen. Ich glaube aber doch, daß ich sehen werde das Gute des Herrn im Lande der Lebendigen.

Harre des Herrn! Sei getrost und unverzagt und harre des Herrn!"

Ich glaube an diese Zusagen meines Gottes und weiß, daß ich eines Tages in den Himmel eingehen werde, in die neue Welt Gottes. Dort gibt es dann keine Tränen mehr, kein Leid, und kein Geschrei. Ich werde den einzigartigen Augenblick erleben, wo ich Jesus von

Angesicht zu Angesicht sehen werde. Diese Gewißheit erfüllt mich jetzt schon mit unbändiger Freude.

Mein Gesang war ein machtvolles Zeugnis für meinen Herrn Christus, und ich sang zwei Stunden lang mit einer kurzen Pause zwischendrin. Ein tosender Beifall drang mir entgegen. Es war wie in einer Erweckungsversammlung.

Als ich wieder in meinem Quartier war, verordnete mir Mildred, meine Begleiterin auf dem Klavier, Schlaf.

Ich löschte das Licht, knipste es aber schnell wieder an, als sie gegangen war. Ich mußte erst mal meine Bibel zur Hand nehmen und eine ganze Weile lang das Wort Gottes lesen. Dann stieg ich aus meinem Bett, kniete nieder und dankte meinem Herrn für das gute Gelingen und für die Kraft, die er mir an diesem Abend für mein Konzert gegeben hatte. Ich war zwar sehr erschöpft, deshalb betete ich nur kurz, aber ich wußte, daß Gott meine dankbaren Worte gehört hatte, denn ich redete aus der Tiefe meines Herzens zu ihm.

Dieses erste Konzert in London vermittelte mir die Gewißheit, Gott wird mich auch auf meiner weiteren Tournee begleiten und meinen Liedern Vollmacht verleihen. Wie der große Komponist Johannes Sebastian Bach konnte ich nur sagen: *„Soli Deo Gloria!“ (Gott allein die Ehre!)*

Wir verließen dann England und fuhren durch Belgien bis nach Frankfurt. In der Kongreßhalle sollten wir ein Konzert geben. Es war ein modernes Gebäude, aber es wies doch viele Mängel auf. Überall blitzte es vor Glas und Chrom, und doch war nichts dahinter. Das Klavier klang blechern. Als ich zur Bühne hinaufgehen wollte, wackelten die Stufen unter meinem Gewicht. Im Umkleideraum war es kalt, und er war nur spärlich möbliert. Die Mikrophone taugten gar nichts. Noch nie war mir ein so unhöflicher Manager begegnet wie hier. Es war wohl nicht sein Tag, denn er war schrecklich mürrisch und übel gelaunt. Er wollte mir noch nicht einmal einen Besen aushändigen, damit ich die Bühne auskehren konnte. Sie war nämlich ziemlich dreckig.

Das Publikum dagegen aber war ganz große Klasse. Es drängte sich nach Schluß des Konzerts um mich, und ich sagte zum Veranstalter: „Sie hätten mir sagen müssen, daß man einen kräftigen Körper braucht, wenn man in Europa auf Konzertreise geht, und nicht nur eine kräftige Kehle. Diese Leute hier erdrücken mich fast."

Anschließend fuhren wir weiter nach Hamburg und wohnten im Hotel „Atlantic" an der Alster. Dort erfüllte ich mir einen wunderschönen Traum. Als Kind half ich Tante Duke in der Küche bei weißen Herrschaften. In diesem Haus gab es wertvolles, herrliches Porzellan. Ich erinnere mich noch, wie die Dame des Hauses einmal zu mir sagte: „Kind, paß gut auf! Die Gläser sind aus Europa importiert. Für mich sind sie so wertvoll wie mein Schmuck." Fast traute ich mich nicht, die Kristallsachen zu berühren. Ich wurde ängstlich und nervös, sie könnten mir aus den Händen rutschen.

Und nun war ich in Europa, ging durch die Straßen der Stadt, sah die berühmten Läden und kaufte Kristallgläser für meine Gäste. Ich genoß diesen Einkaufsbummel.

Auf dem Nachhauseweg zum Quartier erblickte ich in einer Konditorei duftendes, köstliches Gebäck. Wir ließen uns Zimtschnitten und Obstkuchen einpacken. Dann saßen wir im Hotel, schauten zu den Booten hinüber, die an der Alster lagen und ließen uns den Kuchen gut schmecken. Es war ein herrlicher, geruhsamer Tag.

Die Musikhalle hier in Hamburg war ideal und das Publikum überwältigend. Der Saal war überfüllt. Sogar auf dem Fußboden hockten die Leute und wurden von meinen Gospels ergriffen. Der Applaus wollte kein Ende nehmen. Mit dem Lied, das das Vaterunser zum Text hat, beschloß ich den Abend.

Anschließend fuhr ich nach Berlin und sang im Sportpalast. Das Publikum tobte vor Begeisterung. Aber ich erschauderte, als ich darauf hingewiesen wurde, daß hier schon einmal ein Mensch, Adolf Hitler, so gefeiert wurde. Er hat die Menschen zum Bösen verleitet und sie gegeneinander gehetzt. Hier wurde der Zweite Weltkrieg geschürt.

Ich stand auf der Bühne und hatte nur das eine Ziel, den Menschen die Liebe Gottes zu verkündigen. Zum Frieden wollte ich beitragen und nicht zum Verderben.

Von Berlin flog ich nach Dänemark.

Immer wenn ich im Flugzeug saß, packte mich die Angst. Es war gut, daß der Pilot und die Stewardessen so freundlich zu mir waren.

Auf meinen Reisen wurde ich immer von Reportern verfolgt. Einer fragte mich, ob ich es in Amerika wegen meiner schwarzen Hautfarbe schwer gehabt hätte.

„Ja", mußte ich denken und sagte es auch. „Mein Leben war schwer. Immer habe ich gelitten, aber das hing nicht nur mit meiner schwarzen Haut zusammen." Ich hatte nicht die Absicht, die Rassenprobleme in Amerika hier in Europa zu diskutieren.

Einmal trat ein Journalist an mich heran und sagte: „Ich bin kein Christ, aber jedesmal, wenn ich Ihre Gospelsongs höre, läuft mir ein Schauer den Rücken hinunter."

War es recht, daß ich ihm antwortete: „Das ist keine Gänsehaut. Es ist ihre Seele, die friert. Denken Sie über diesen Satz einmal nach. Ihr Innerstes wird unruhig, wenn es die Botschaft meiner Lieder vernimmt, und es wird so lange unruhig bleiben, bis es in Gott Ruhe findet. Jetzt ist ihre Seele arm, leer und kalt, aber die Liebe Gottes kann Ihnen Frieden, Wärme, Herzlichkeit und Verstehen geben, nach denen Sie sich unbewußt sehnen. Meine Lieder sind ein Hinweis auf Gottes großes Erbarmen und auf seine Liebe. Die Gospelsongs kommen aus meinem Herzen und wollen auch das Herz des Nächsten erreichen."

Als wir Paris mit unserem Flugzeug anflogen, waren wir überrascht, daß keine Menschen zu sehen waren. Wir hatten mit Scharen von Reportern gerechnet und blieben doch ungeschoren.

Was war passiert?

In Frankreich breitete sich die Angst aus, algerische Fallschirmtruppen könnten die Stadt besetzen. Aus diesem Grunde blieben die Bewohner lieber in ihren Wohnungen.

Ich nutzte mit meiner Begleiterin am Klavier den Tag, und wir schauten uns Paris an. Am meisten hat mich die Kathedrale von Notre-Dame beeindruckt. Ich stand vor der Statue, die Jesus darstellt, wie er aus dem Grab auferstand und damit dem Tode die Macht genommen hatte. Es war die Szene mit Maria Magdalena, die den Auftrag empfing, die frohe Kunde von der Überwindung des Todes weiterzusagen. Das berührte mein Herz. Meine Knie versagten, ich mußte mich am eisernen Gitter festhalten. Hier vor diesem Bild wurde mir meine Berufung ganz neu bewußt. Ich muß mit meinen Liedern den Menschen verkündigen, daß Jesus allein unser Retter und Heiland ist. Er hat die Macht des Verderbens und des Todes besiegt. Er lebt, und so sollen alle, die an Christus glauben, auch leben, ewig leben!

Das Konzert am Abend fand wie in Frankfurt unter denkbar schlechten Bedingungen statt. Die Lautsprecheranlage entsprach nicht dem neuesten Stand. Sie war ausgesprochen schlecht. Das Klavier war ziemlich verstimmt. Das ganze Theater, angefangen von den Umkleideräumen bis hin zum Zuschauerraum, war veraltet und in einem miserablen Zustand. Unter solch miesen Bedingungen singen zu müssen war nicht sehr verlockend.

Als ich in meinem Umkleideraum den Konzertmanager traf, kam es zwischen ihm und mir zu einer Auseinandersetzung. Ich war in Rage und meinte, es ihm heimzahlen zu müssen, daß er mich unter solchen Bedingungen auftreten lassen wollte. Nichts, aber auch gar nichts sei hier in Ordnung. Ich nahm kein Blatt vor den Mund.

Auf der Bühne aber wurde ich wie ein großer Star gefeiert. Die Zuhörer klatschten und jubelten mir zu, und am liebsten wäre ich für immer in Paris geblieben.

Aber meine Tournee ging weiter. Ich trat in Essen, Zürich und sogar in Rom auf. In der größten Kirche Roms, in der Peterskirche, begegnete ich auch dem Papst. Er segnete die Gottesdienstbesucher, und das berührte mich in meinem Herzen, obwohl ich doch zu einer Baptistengemeinde gehöre.

Es ist schon ein Geheimnis, ein wunderbares Geheimnis um den Segen Gottes. Es gibt nichts Größeres, als diesem Herrn sein Leben zur Verfügung zu stellen.

Am Nachmittag erlebte ich noch einmal den Heiligen Vater. Ruhig und in einer sehr herzlichen Art sprach er zu uns in französischer Sprache. Ein Erzbischof übersetzte uns seine Worte ins Englische. Die Peterskirche sei wie eine Mutter, führte er aus. Mit ausgebreiteten Armen wolle sie die Menschen in ihre Arme schließen und an ihr Herz drücken. Gerade junge Menschen sollten die Herausforderung annehmen und sich in dieser Welt für das Gute einsetzen und dem Bösen wehren.

Ich hatte den Eindruck, vor einem wirklich frommen und guten Menschen zu stehen.

Israel ist eine Reise wert

Von allen Zielen, die wir ansteuerten, war Israel wohl das bemerkenswerteste.

Schon am frühen Morgen fuhren wir durch die Wüste von Damaskus nach Jerusalem. Diese Straße hat mich fasziniert, denn hier hat Paulus seine Bekehrung erlebt, als sich ihm Christus selbst in den Weg stellte, er vom Pferd stürzte und voll innerer Erschütterung fragte: „Herr, was willst du, daß ich tun soll?" Er wurde sich schlagartig bewußt, daß er ja bei der Steinigung des Stephanus mitgewirkt und so auf diese Weise einen treuen Zeugen Jesu zu Tode gefoltert hatte. In der größten Angst erfuhr Paulus seine Berufung in die Nachfolge Christi. So wurde er dann als Völkermissionar eingesetzt.

Man muß einmal diesen staubigen, schmalen Weg, der mitten durch die Einöde führt, gefahren sein, um ein Stück weit zu ermessen, welche Strapazen Paulus zu Fuß, zu Pferd, zu Schiff auf sich genommen hat, um die einzigartige Botschaft von der Erlösung den Menschen zu überbringen.

Wir fuhren in einem alten, wackligen Gefährt durch die glühende Hitze. Unsere Koffer waren oben auf dem Dach des Autos verstaut. Die Sonne brütete über der Wüste. In einer halsbrecherischen Fahrt näherten wir uns dem Jordan.

Ich stieg aus dem Wagen und ging in Gedanken versunken zum Fluß hinunter. Hier am Jordan hat Johannes der Täufer seine Bußpredigt gehalten. Hier war es ihm vergönnt, den Gottessohn zu taufen und die Stimme aus dem Himmel zu hören: „Du bist mein lieber Sohn, an dem ich Wohlgefallen habe." Hier ging auch Josua über den Jordan. Er ließ das Volk stillstehen und hielt eine gewaltige Rede. Als dann die Israeliten die Füße ins Wasser setzten, teilten sich die Fluten, und trockenen Fußes erreichten sie das andere Ufer.

Ich war überwältigt, daß ich mit eigenen Augen den Fluß sehen konnte, an dem Gott seine Geschichte schrieb.

Große, machtvolle Ereignisse sind uns im Alten wie auch im Neuen Testament vom Jordan überliefert. Ich kniete nieder und ließ das Wasser über meine Hände gleiten.

Wir fuhren weiter am Toten Meer vorbei und erreichten die Berge von Jericho. Sofort wurde ich an das Lied erinnert, das den Sieg des Josua besingt. Dieses Spiritual erklingt in der ganzen Welt.

Wenn wir an den Schafherden vorbeifuhren, mußte ich an David, den Hirtenjungen, denken. Die Gestalten der Bibel wurden an jedem Ort, den wir besuchten, lebendig: Naomi und Ruth, Noah und seine Söhne, Abraham, Isaak und Jakob, Sara und Rahel und der alte Methusalem.

Das Heilige Land mit Jerusalem als Hauptstadt ist schon eine Reise wert.

Ganz warm wurde mir ums Herz, als wir nach Golgatha hinaufstiegen. Wie oft hatte ich in meinen Liedern die Kreuzigungsstätte besungen. Nun aber standen meine Füße an diesem geheiligten Ort. Nirgends wurde mir die Liebe meines Herrn bewußter als auf diesem Hügel. Tränen der Dankbarkeit über Jesu großes Opfer flossen mir über die Wangen.

In Bethlehem führte uns der Reiseführer an die Stelle, wo der armselige Stall einst gestanden hat. Das Jesuskind hat hier das Licht der Welt erblickt. Bei Ochs und Esel lag der Heiland in einer Krippe auf Heu und Stroh. Hier stand der Stern von Bethlehem am Himmel und überstrahlte das Dunkel und die Armut. Die Hirten suchten das heilige Kind, knieten nieder, beteten es an und sangen: *„Ehre sei Gott in der Höhe und Friede auf Erden und den Menschen ein Wohlgefallen."* Sie waren wohl die ersten Gospelsänger, die den Menschen das Heil ins Herz sangen und die große Freude verkündigten: *„Fürchtet euch nicht! Siehe, ich verkündige euch große Freude, die allem Volke widerfahren wird; denn euch ist heute der Heiland geboren, welcher ist Christus, der Herr, in der Stadt Davids."*

Genau dies war das Ziel meines Lebens. Ich wollte im Lied weitersagen, was Jesus für uns getan hat.

An einem Abend besuchte ich mit meiner Begleiterin den Garten Gethsemane. Dort stehen knorrige Olivenbäume. Man sagt von ihnen, daß sie schon über 2000 Jahre alt sein sollen. Sie waren daher Zeugen vom heißen Ringen Jesu, als ihm der Schweiß wie Blutstropfen von der Stirn floß und er dazu bereit war, den schweren, leidvollen Weg nach Golgatha zu gehen.

Kein Wort kam mehr über meine Lippen. Die Qual, die Jesus um meinetwillen auf sich genommen hat, berührte mich tief.

Als wir die Grabeskirche besichtigten, blieb ich hinter den anderen Touristen zurück, kniete nieder und dankte meinem Herrn, daß er dem Tod die Macht genommen hat.

Mein größter Traum war wahr geworden. Ich habe alle Stätten besuchen dürfen, die ich schon in meinen Liedern besungen habe: Bethlehem, Gethsemane, Golgatha. Ich begriff neu die Bedeutung meines Namens Mahalia, der heißt: vom Herrn gesegnet. Ich war wirklich auf dieser Reise gesegnet worden.

In Tel Aviv sang ich vor einer großen Zuhörerschaft. Zwei Stunden lang gab ich meine Gospelsongs zum besten. Der Applaus war gewaltig.

Aber ich war auch von all den neuen Eindrücken und von den Konzerten sehr erschöpft. Ich war froh, als ich mit dem nächsten Flugzeug wieder nach Frankreich fliegen konnte, wo unser Schiff schon auf uns wartete.

Zurück ging die Fahrt über den Ozean. Im Hafen von New York wurde ich mit einer Musikkapelle und von vielen Freunden erwartet und herzlich empfangen. Damit hatte ich nicht gerechnet. Ich war bewegt. Ich mußte daran denken, wie es einmal sein wird, wenn ich in den Himmel einziehen werde. Wer wird mich da erwarten? Meine Mutter, die ich verlor, als ich gerade fünf Jahr alt war. Mein Vater, der mich so liebte und der mir so bedeutungsvoll in meinem Leben geworden ist. Und dann sind es noch viele Menschen, durch die ich gesegnet worden bin. Mit ihnen allen werde ich in der neuen Welt Gottes vereint sein.

Welch eine Freude erwartet mich!

Ein neuer Aufbruch

Landauf und landab wurde ich in Amerika zu Konzerten eingeladen. Dieser Streß hat mich sehr müde gemacht und angestrengt.

Eine Tournee mußte ich vorzeitig abbrechen und nach Hause reisen. Es war für mich dringend erforderlich, ein Krankenhaus aufzusuchen. Mein Herz war schwach und geschädigt, das stellten die Ärzte bei der Untersuchung fest. Eine Menge Tabletten wurden mir verordnet.

Was mir am meisten zu schaffen machte, war die Unruhe im Krankenhaus. Ständig kammen ein Arzt oder eine Schwester in mein Zimmer herein, um meinen Blutdruck zu messen oder mir eine Spritze zu geben.

In einer Nacht hielt ich es nicht länger in meinem Bett aus. Ich stand auf, zog mich an und wollte gehen. Entsetzt schaute mich die Nachtschwester an. Aber ich konnte nicht anders handeln. Ich brauchte meine eigene Umgebung und auch mein Bett, vor allen Dingen aber Ruhe und nicht ein ständiges Kommen und Gehen.

Es folgte eine Zeit, in der ich länger nichts unternehmen konnte. Die geplanten Konzerte mußte ich alle absagen. Ich lag auf der Couch und ruhte mich aus. Das Telefon blieb die einzige Verbindung zur Außenwelt.

Ich telefonierte mit Martin Luther King. Er bat mich, unbedingt ein Konzert zu geben. Aber noch war ich zu elend. In dieser Zeit hätte ich nie gedacht, daß ich mein Versprechen überhaupt würde einhalten können. Aber Gott gab Gnade und stellte mich gesundheitlich wieder her.

Es war an einem Sonntag im August 1963. Über 200 000 Menschen, Schwarze und Weiße, hatten sich auf den Weg gemacht, um für die Anerkennung der Farbigen zu kämpfen. Der Schmach, der sie vor allem in den Südstaaten ausgesetzt waren, sollte endlich ein Ende gemacht werden. Schwarze sollten genauso wie Weiße einen Anspruch auf Arbeit haben. Für dieses Recht sollte demonstriert werden. Gleichberechtigung und Freiheit waren die Ziele, für die wir uns einsetzten. Schwarze sollten wie Weiße leben können.

Es war nicht einfach, diesen Marsch in die Bundeshauptstadt zu organisieren. Bedenken wurden laut. Wie können die Veranstalter es verantworten, daß so viele Menschen ihrer Arbeit fernbleiben und sich auf die Straße begeben? Dies sei reine Zeitverschwendung und schädige die Wirtschaft Amerikas. Es sei auch nicht anzunehmen, daß der Kongreß von diesem Menschenauflauf überhaupt Notiz nähme. Die ganze Demonstration sei ein Schlag ins Wasser.

Aber Philipp Randolf, der Anführer der Schwarzen, war ein willensstarker Mann. Er ließ sich nicht von seinem Vorhaben abbringen. Was er einmal im Gespräch mit seinen Beratern für gut befunden hatte, wollte er auch in die Tat umsetzen. Je mehr Einwände ihm entgegengebracht wurden, desto entschlossener wurde er in seinem Handeln. Er holte sich kluge Leute an die Seite, die ihm bei der Organisation helfen sollten.

Der Widerstand war heftig. Je mehr Zeitungen der Weißen sich gegen den Marsch der Freiheit aussprachen, desto hartnäckiger und standhafter setzten sich die Schwarzen für ihre Sache ein.

Als die Bewohner von Washington merkten, daß der Demonstrationszug in ihre Stadt einmarschieren würde, bekamen sie es mit der Angst zu tun. Sie fürchteten, es könnte zu Gewalttaten kommen. So verbarrikadierten viele ihre Häuser und zogen sich in ihre Feriendomizile zurück. Diese Angst war berechtigt, denn während früherer Demonstrationen für die Freiheit der Schwarzen waren viele farbige Männer, Frauen und sogar Kinder verprügelt und zu Tausenden in die Gefängnisse eingesperrt worden. Nun fürchteten die Weißen die Rache der Schwarzen.

Ich fühlte mich meinem Volk gegenüber verpflichtet und fuhr nach Washington.

„Werden so viele Menschen zusammenzubringen sein? Werden die Leute wirklich aus allen Staaten kommen?“

Der Mann, dem ich diese Fragen in meinem Hotel stellte, war völlig aus dem Häuschen. „Mahalia, natürlich werden sie kommen. Morgen ist unser Tag, der Tag der Freiheit! Noch nie hat Washington eine solche Menschenansammlung gesehen.“

So war es denn auch. Die Busse rollten die ganze Nacht in die Bundeshauptstadt. 500 sollen es gewesen sein. Allein 18 Sonderzüge aus dem Süden und dem Mittelwesten waren eingesetzt worden, und mit den Flugzeugen kamen die Menschen aus Kalifornien und meinem Heimatstaat New Orleans. Ein alter Mann fuhr auf Rollschuhen aus Chicago heran, und ein über Achtzigjähriger war mit dem Fahrrad aus Ohio eingetroffen.

Der Morgen dieses ereignisreichen Tages war ein wunderschöner Sonnentag. Schon beim Aufstehen merkte ich, daß Gott uns auch mit dem Wetter ein herrliches Geschenk gemacht hat. Der Himmel war wolkenlos und die Luft klar. Eine leichte Brise brachte Erfrischung.

Überall im Stadtgebiet wogte eine Menschenmenge durch die Straßen. Zehntausende saßen friedlich in den Parks auf Klappstühlen oder breiteten Decken auf dem Rasen aus. Babys lagen an der Brust der Mutter und wurden gestillt. Die Kinder tollten auf den Wiesen herum oder planschten in den Springbrunnen. Es sah alles richtig idyllisch aus. Die Polizisten begriffen gar nicht, warum sie hierher abkommandiert worden waren, denn es herrschte eine friedliche Stimmung. Die Menschen waren fröhlich und erwartungsvoll zugleich. Keiner schrie herum, keiner schlug auf den andern ein, keiner schwang den Knüppel, keiner drängte oder schubste den andern. In ihrem Sonntagsstaat, oft sogar mit der Bibel unter dem Arm, spazierten sie umher und begrüßten einander freundlich. Weiß und Schwarz waren im Geist der Liebe und Eintracht zusammen. In der Vorahnung auf den Tag der Befreiung und Rassengleichheit herrschte eine fröhliche Stimmung. Ich war so beglückt, ich hätte zugleich lachen und weinen können vor lauter Freude.

Viele Prominente reisten an, um zu sehen und auch gesehen zu werden. Sie waren vor allen Dingen bereit, ihren Beitrag zur Gleichberechtigung von Schwarz und Weiß zu leisten.

Aber neben diesen Größen des Showgeschäfts sah ich auch Mrs. Evers, deren Mann im Kampf um die Anerkennung der Farbigen einen hohen Preis gezahlt hatte: Mr. Evers war von einem Weißen hinterrücks erschossen worden.

Ich erblickte die Freunde und Kameraden der Kinder, die in einer Gemeinde von Farbigen in Birmingham durch einen Sprengsatz getötet worden waren.

Auch eine Reihe von Studenten war von weit her angereist. Manche waren gerade erst aus dem Gefängnis entlassen worden, in dem sie unschuldig gesessen hatten. Sie waren bloß tapfer auf die Straße gegangen und hatten trotz eines gewaltigen Polizeiaufgebots für die Rechte der Schwarzen demonstriert.

Erstaunlich war, daß sich hier in Washington Schwarz und Weiß friedlich begegneten. Für viele Farbige aus den Südstaaten kam dies einem Wunder gleich.

Es war der größte Demonstrationszug, der je in die Bundeshauptstadt gekommen war. Überall setzten Gesänge ein. Alte Spirituals und neue Songs, die die Freiheit rühmten, wechselten miteinander ab. *„We Shall Overcome“ (Wir werden überwinden)* wurde zum krönenden Lied der Befreiungsbewegung.

In Reihen um die zwanzig Personen zog der Demonstrationszug durch die Straßen. Die Leute trugen Schilder und schwenkten Fahnen. Sogar alte Menschen in Rollstühlen und mit Krücken ließen es sich nicht nehmen dabeizusein.

In der Menschenmenge erblickte ich eine farbige Mutter mit vier kleinen Kindern. Sie hatte Mühe, mit den anderen Schritt zu halten. Ein Weißer lief an ihre

Seite und nahm ihr das jüngste ab. Er trug es auf seinen Armen weiter.

Ich dachte bei mir: „Wie schön wäre es, wenn doch im Alltag die Menschen so friedlich miteinander leben könnten und es keine Rassendiskriminierung mehr gäbe."

Mir kam Mose in den Sinn, wie er das Volk Israel ins „Gelobte Land" führte und Gott mit ihm war. Einmal würde sich auch bei uns Schwarzen der Traum erfüllen, anerkannt und gleichberechtigt im Land unserer Väter leben zu dürfen.

Ich stieg die Stufen zum Lincoln Memorial hinauf, setzte mich auf einen Klappstuhl und wartete, bis ich an die Reihe kam. Ich schaute über die wogende Menschenmenge hinweg und konnte meine Augen gar nicht mehr abwenden. Es war beeindruckend. So weit ich sehen konnte, erblickte ich nur friedliche Menschen, die sich für ihre Rechte einsetzten. Es war, als würde in der Geschichte der Schwarzen ein neues Blatt geschrieben, und ich durfte an diesem großartigen Ereignis teilhaben und das Geschehen mit beeinflussen.

Meine Großeltern waren noch Sklaven gewesen und haben unter der heißen Sonne Louisianas auf den Plantagenfeldern gearbeitet. Ich war frei und durfte an einer der größten Errungenschaften in der Geschichte der Schwarzen teilnehmen. Ich, die ich an den Ufern des Mississippi aufgewachsen bin, durfte an der Seite von Martin Luther King sitzen, der sich für den gewaltlosen Kampf um die Rechte der Farbigen einsetzte. Mit meinen Liedern durfte ich diesen Freiheitskampf unterstützen.

Lange hatte ich überlegt, welches Lied ich an diesem denkwürdigen Tag singen wollte. Martin Luther King gab mir den Hinweis: „Mahalia, singen Sie doch bitte ‚*I Been Bucked And I Been Scorned*'"

Es ist ein altes Spiritual, und die Schwarzen kennen es sehr gut. Es spiegelt das Gefühl meiner schwarzen Landsleute wider, die von einer tiefen Sehnsucht nach Freiheit erfaßt sind: *„Ich war unterdrückt und verachtet, doch ich will es meinem Gott klagen, wie lange ich Unrecht gelitten habe, wenn ich zu ihm in die ewigen Hütten einziehen werde."*

Ich habe mit meinem Gesang eine neue Saite in den Herzen der Menschen angerührt. So schnell wird sie nicht mehr verstummen.

Ich selbst war im Innersten bewegt und jubelte vor lauter Freude und Glück. Ich klatschte in die Hände, schwang mit den Hüften, und eine Welle von Singen, Wiegen und Klatschen hob an. Vorsichtshalber hatte ich meinen Hut mit einer langen Nadel festgesteckt, er wäre mir sonst vor lauter Hüpfen und Springen vom Kopf geflogen.

Viele Demonstranten sangen mit. Sie standen vom Rasen auf und wiegten ihren Körper hin und her. Die Leute, die gerade ihre Füße im Springbrunnen baumeln ließen, erhoben sich aus dem Wasser und bewegten sich im Rhythmus des Liedes. Die Fähnchen wurden geschwenkt, und eine große Begeisterung hob an. Der Geist der Erweckung einer neuen Freiheit hatte von uns Besitz ergriffen. Es war mein Lied, und es hat mit dazu beigetragen, daß wir Farbigen den aufrechten Gang einübten. Nie war ich glücklicher als in dieser Stunde.

Später sagten die Leute zu mir: „Mahalia, es war so, als sei Ihr Lied von der goldenen Kuppel des Kapitols in die Menschenmenge geschwappt und habe sie vor Freude hüpfen lassen."

Ich wünschte mir nur, daß die Kongreßabgeordneten im Kapitol auch von diesem Begeisterungssturm ergriffen würden.

Nach meinem Lied trat Martin Luther King ans Pult und hielt eine Rede, die ihn in aller Welt berühmt gemacht hat.

„Ich habe einen Traum", rief er in die Menschenmenge hinein, „daß eines Tages auf den roten Hügeln von Georgia die Söhne früherer Sklaven sich zusammen mit den Söhnen früherer Slavenhalter an den Tisch der Brüderlichkeit setzen. Ich habe einen Traum, daß meine vier kleinen Kinder einmal in einer Nation leben, wo man sie nicht nach der Farbe ihrer Haut, sondern nach der Beschaffenheit ihres Charakters beurteilen wird. Ich habe einen Traum, daß einmal kleine, schwarze Jungen und kleine, schwarze Mädchen weißen Jungen und weißen Mädchen die Hände reichen und als Brüder und Schwestern mit ihnen durchs Leben gehen. Das wird der Tag sein, an dem alle Kinder Gottes mit neuer Überzeugung werden singen können: *‚My country 't is of thee, sweet land of liberty, of thee I sing'* und *'From every mountainside, let freedom ring.'* Und wenn Amerika eine große Nation sein soll, so muß all das wahr werden. Darum laßt Freiheit läuten von den gewaltigen Gipfeln in New Hampshire! Laßt Freiheit läuten von den mächtigen Bergen in New York! Laßt Freiheit läuten von den aufstrebenden Alleghenies in Pennsylvanien! Laßt Freiheit läuten von den schneebedeckten Rockies in Colorado! Laßt Freiheit läuten von den runden Bergkuppen in Kalifornien! Laßt Freiheit läuten von jedem Hügel und Maulwurfhaufen in Mississippi! Von allen Bergen laßt Freiheit läuten! Wenn wir die Freiheit läuten lassen, wenn wir sie läuten lassen aus jedem Dorf und jedem Weiler, aus jedem Staat und jeder Stadt, werden wir die Ankunft des Tages beschleunigen, an dem alle Kinder Gottes, schwarze Menschen und weiße Menschen, Juden und Heiden, Protestanten und Katholiken, einander die Hände reichen und mit den Worten eines alten Spirituals singen können: *‚Free at last! Free at last! Thank God Almighty, we are free at last!'*

Diese gewaltige Ansprache erreichte die Herzen der Menschen. In ihrem Innersten bewegt, gingen sie nach Hause, woher sie gekommen waren. Ein neues Ziel war ihnen bewußt geworden. Für die Freiheit galt es, gewaltlos zu kämpfen.

Im Weißen Haus beglückwünschte Präsident Kennedy die Veranstalter dieser Demonstration. Wir hatten den Weißen gezeigt, daß wir auch Ehre und Würde besitzen und bereit sind, entschlossen und tapfer dafür einzutreten.

Damals wußte ich noch nicht, ob ich die Freiheit und Gleichberechtigung von Schwarz und Weiß erleben werde, aber im Geist habe ich sie geschaut.

Kurze Zeit später aber ereignete sich dieser schreckliche Mord an Präsident Kennedy.

Ich wollte gerade zu einer Probe für eine Fernsehshow fahren und verließ mein Hotel, als meine Klavierbegleitung angerannt kam und mir zurief: „Soeben ist Präsident Kennedy erschossen worden!"

Ich konnte es nicht glauben. Wir hielten es zunächst für ein Gerücht, einen Irrtum. Aber es war doch wahr. Ich schrie in meinem Schmerz auf, ging wieder in mein Hotelzimmer, fiel auf meine Knie und war verzweifelt.

Ich erinnerte mich an viele Begegnungen, die ich mit ihm haben durfte. Ich blickte ganz gelähmt von dieser Hiobsbotschaft auf meine gefalteten Hände und mußte denken: „Diese Hände haben sich geschunden, haben gewaschen und gebügelt und Kinder herumgetragen, aber sie haben auch einem solch hervorragenden Mann wie Präsident Kennedy die Hand reichen dürfen. Er mußte sterben, weil er sich tatkräftig für die Freiheit der Schwarzen eingesetzt hat."

Später hat es Martin Luther King treffend in Worte gefaßt: „Der Mord an Präsident Kennedy macht deutlich, was das Gift des Hasses anrichtet."

Mir aber bleibt dieser Mann im Gedächtnis als einer, der für die Freiheit und Einigkeit gelebt hat.

Am 4. April 1968 geschah ein weiterer Mord. Martin Luther King wurde in Memphis erschossen. Auf dem Balkon seines Hauses unterhielt er sich mit dem Sänger Ben Branch, der am Abend in einer großen Veranstaltung singen sollte. „Bitte vergiß nicht, das Lied zu singen: *‚Precious Lord Take My Hand' (Wunderbarer Herr, nimm meine Hand)*. Sing es schön, sing es für mich!"

Das war seine letzte Bitte, ehe die tödliche Kugel ihn traf.

Ich selbst habe ihm dann diesen Wunsch im wahrsten Sinne des Wortes erfüllt und ihm dieses Lied zu seiner Trauerfeier gesungen. Seine Gattin, Coretta King, war davon sehr berührt und sagte später: „Schöner als je zuvor hat Mahalia Jackson dieses Lied dargebracht."

Ich verfolgte mit meinen Songs nur dieses eine Ziel, ich wollte die Angst und den Haß vertreiben, der die Schwarzen von den Weißen trennte.

* * *

Dr. Theo Lehmann schreibt in seinem Buch *„Der Sound der Guten Nachricht"*: „Mahalia Jackson hat den Protest und die drängende Haltung der jungen Schwarzen, die die Losung ‚Freiheit' auf ihre Fahnen geschrieben hatte, verstanden und geteilt. ‚Die jungen Leute sind außer sich, wir alle sind außer uns, das ist verständlich. Aber wir müssen uns zusammenschließen, sonst kommen wir nicht weiter, und wenn meine Worte und Songs helfen können, dann werde ich fortfahren, mein Lied zu singen.'

Sie kämpfte mit ihren Liedern für die ‚Black Power Bewegung', aber sie kämpfte entschieden gegen die Ansicht, ‚Black Power' bedeute die Anwendung von Gewalt. ‚Black Power' ist mißverstanden worden. Der Schwarze will weiter nichts als das, was jeder andere auch will, und das ist normal. Wir sind alle Gottes Kinder, aber wir haben jetzt begriffen, daß Liebe der einzige Weg ist. In diesem Geist hat sie ihre Lieder von der Liebe Gottes gesungen. Sie hat damit auf musikalischer Ebene die gleiche Botschaft verkündigt, die Martin Luther King gepredigt hat: ‚Liebe ist der einzige Weg.'"

* * *

Mit meinen Liedern habe ich mich hinter die schwarze Bevölkerung gestellt, die um ihre Freiheit und Gleichberechtigung kämpft. Aber immer kämpfe ich friedfertig und ohne Gewaltanwendung. Wir sind alle Gottes Kinder, und die Liebe muß unser Ziel sein.

Es geht nach Hause

1964 erlitt ich eine schwere Herzattacke. Vor diesem Anfall brachte ich 260 Pfund auf die Waage. Nun waren es nur noch 150 Pfund.

Entsetzlich entstellt sah ich aus. Aber bald nahm ich wieder 20 Pfund an Gewicht zu, obwohl mein Arzt darüber nicht begeistert war. Ich war es leid, mich fast nur noch von Gemüsesäften und Obst zu ernähren.

Es war mir schon eine harte Anfechtung, als mir der Arzt sagte, ich sei schwer herzkrank. Aber ich hielt es mit dem Wort der Bibel, das sagt: *„Haben wir Gutes vom Herrn empfangen, sollten wir das Schwere auch annehmen."*

Ostern 1967 gab ich in New York ein großes Konzert. Es hat mich sehr angestrengt, aber ich war dankbar, daß ich wieder singen konnte. Ich nahm sogar eine erneute Einladung nach Deutschland an und wirkte bei einem Gala-Abend in Berlin mit.

Als ich auf die Bühne trat, war mein Publikum doch sehr erschrocken. Ich war nicht mehr die vitale Mahalia Jackson, die rundlich-füllige Matrone, sondern war abgemagert und sehr gealtert. Mein Gesicht wies viele Falten auf, und meine Lippen waren schmal geworden. Meine Herzkrankheit hatte mich gezeichnet. Ich befand mich in einem erbärmlichen Zustand und war nur noch ein Schatten meiner selbst, obwohl mir meine Stimmgewalt noch geblieben war.

Mein Publikum wurde dennoch den Eindruck nicht los, daß ich eigentlich ein Sanatorium aufsuchen müßte. Dieser Auftritt in Berlin strengte mich schrecklich an, und hernach brach ich körperlich auch zusammen. Ein Krankenwagen brachte mich in eine Berliner Klinik. Ich war lebensgefährlich erkrankt und hatte nur den einen sehnlichsten Wunsch: schnell zurück nach Amerika zu fliegen. Dies geschah dann auch.

Jetzt wurde es stiller um mich. Nur noch ab und zu gab ich ein Konzert. Meist sang ich nur noch im Gottesdienst in meiner Gemeinde.

1969 nahm ich allen Mut zusammen und reiste noch einmal nach Berlin. Diese Stadt hatte es mir angetan.

Der Sportpalast wurde zum Schauplatz eines großen Triumphes. Meine Stimme füllte die Halle, und ab und zu legte ich das Mikrophon zur Seite. Zwischen meinen Liedern war es mir ein Anliegen, von meinem Glauben an Jesus zu reden.

Die Zuhörer nahmen mir meine Worte genauso wie meine Lieder ab. Rhythmisches Klatschen und brausender Applaus begleiteten meinen Auftritt. Als Zugabe sang ich noch *„When The Saints Go Marching in“*, hüpfte und tanzte über die Bühne und fühlte mich in meinem Element.

In Hamburg trat ich bei einem Megakonzert, das über drei Stunden dauerte, auf. Am Schluß sang ich als ein besonderes Geschenk an mein Publikum *„Glory, Glory, Halleluja“*, und alle sangen mit. Es war schon gewaltig, diese Atmosphäre mitzuerleben.

Meine Gospels verkündigen die beste Botschaft, die es in der Welt gibt: Christus ist für uns geboren. Er ist unser Erlöser, Heiland und Retter.

Einmal durfte ich sogar mit dem großen Louis Armstrong auf der Bühne stehen. Dieser Auftritt war eine der Sternstunden meines Lebens. Er feierte seinen 70. Geburtstag. Ich meine, wenn einer Louis Armstrong nicht liebt, dann kann er überhaupt nicht richtig lieben.

Wir haben gemeinsam das Lied gesungen *„Just A Closer Walk With Thee"*. Diese alte Spiritual klingt wie ein Hymnus und wurde sehr oft bei Beerdigungen gesungen. „Nur ein bißchen näher zu dir."

* * *

Dr. Theo Lehmann schreibt darüber in seinem Buch *„Der Sound der guten Nachricht"*: „Es war, als ob sich die beiden großen Kinder von New Orleans hier ihr eigenes Begräbnislied sangen: Louis Armstrong starb ein Jahr und Mahalia Jackson anderthalb Jahre später."

„Laß den Weg mich gehn mit dir,
das gewähre, Jesus, mir.
Täglich eng mit dir zu gehn,
laß, o Herr, laß es bestehn."

* * *

1971 wurde ich sogar nach Japan eingeladen und sang im Palast des Kaisers. Wahrlich kaiserlich wurde ich empfangen. Als Geschenk erhielt ich eine 600 Jahre alte Vase überreicht.

Der Erfolg in Japan war gewaltig. Immer waren meine Konzerte ausverkauft. Ich durfte große Triumphe feiern, obwohl meine Gesundheit schon geschwächt war. Ich spürte, daß meine Tage gezählt waren.

Meine letzte Tournee brachte mich nach Indien. Sie war kurz, aber nicht weniger erfolgreich.

Unter meinen Zuhörern in Neu Delhi befand sich auch Indira Gandhi. Sie suchte mich sogar auf der Bühne auf, begrüßte mich herzlich und sagte: „Ihre Musik kommt direkt aus Ihrer Seele. Wundervoll war Ihr Konzert!"

Nach all den beglückenden Erfahrungen war ich doch froh, als ich wieder heimatlichen Boden unter meinen Füßen spürte. Ich hätte vor Freude weinen können. Aber ich fühlte mich doch sehr erschöpft und sagte mir: „Mahalia, jetzt bist du alt und krank!"

Trotzdem wagte ich es noch einmal, auf eine Tournee nach Deutschland zu gehen. Aber schon in München erlitt ich einen Schwächeanfall und mußte sofort nach Amerika zurückfahren.

Am 19. Januar wurde ich in ein Krankenhaus in Chicago eingeliefert. Meine Kraft ging zu Ende

* * *

In einem ihrer Lieder hat Mahalia Jackson gesungen:

„Eines Tages werde ich einschlafen
und von dieser Erde weggehen.
Aber meine Seele wird ein besseres Land erreichen."

So ist es denn auch gekommen. Gott holte sie heim in seine neue Welt. Sie starb ganz allein, aber die Menschen, die um sie trauerten, waren nicht zu zählen.

Tausende gaben ihr das letzte Geleit. Mehr als 40 000 Alte und Junge, Schwarze und Weiße zogen an ihrem geöffneten Sarg vorbei und nahmen Abschied von ihr. Der Sarg war in der Kirche der Baptisten aufgebahrt. In dieser Gemeinde hatte sie ihre geistliche Heimat gefunden und schon als Fünfjährige zu singen angefangen. Nun aber durfte ihr Gesang einmünden in das große Halleluja, das die Engel im Himmel jubeln. Endlos lang war der Trauerzug, der ihrem Sarg auf den Friedhof folgte. Unter den Klängen von Spirituals wurde die große Gospelsängerin zur letzten Ruhe gebettet. Aber der tiefste Grund ihrer Hoffnung war ihr festes Vertrauen in Gottes große Macht und Gnade. Ihr Lebensziel war es, Gott zu Ehren zu leben und zu singen.

So endete die Trauerfeier mit dem bedeutsamen Lied:

„Nimm mich bei der Hand,
führe mich, gib mir Stand.
Ich bin müde, ich bin schwach, ich bin matt.
Durch den Sturm, durch die Nacht,
laß mich sehn Lichterpracht.
Nimm mich, Herr, bei der Hand,
führ mich heim.“

Lotte Bormuth erzählt aus ihrem Leben

Und doch lacht mir die Sonne

Aus meinem Leben

TELOS-Taschenbuch Nr. 7796

ISBN 3-86122-392-9

128 Seiten und 8 Seiten Sw-Abbildungen

Nach beinahe 30 Büchern, die Lotte Bormuth für ihre Leser geschrieben hat, wird es nun Zeit für uns, auch einmal etwas Autobiographisches unserer Erfolgsautorin vorzulegen, zumal sie in 1999 ihren 65. Geburtstag feiert.

In diesem Buch spannt sich der Bogen von Bessarabien, dem heutigen Moldawien, wo Lotte Bormuth aufwuchs, über die dramatische Flucht bis hin zu einem Neuanfang und schließlich ihrer Eheschließung.

Und wie immer schafft es Lotte Bormuth, daß der Leser Anteil nimmt an dem Geschehen in schwerer Zeit, an den abenteuerlichen und auch lustigen Begebenheiten und an den vielen Menschen, die ihr auf den Stationen ihres Lebens begegneten.

Das Jubiläumsbuch von Lotte Bormuth

Ich staune ...

Das große Lotte-Bormuth-Lesebuch

Edition C, Nr. P 91
ISBN 3-86122-393-7
280 Seiten, fester Einband

Wir gratulieren unserer Autorin Lotte Bormuth zum 65. Geburtstag im Jahr 1999!

Als „Geschenk" erscheint zu diesem Anlaß dieser umfangreiche Sammelband. Er enthält das Beste, Schönste, Ergreifendste aus den rund 30 bisher erschienenen Büchern der bekannten Autorin.

Lotte Bormuth hat dazu noch zusätzliche Erläuterungen verfaßt. Unter anderem beschreibt sie ihren Werdegang als Autorin. Also genau das Richtige für die zahlreiche Lesergemeinde.

Noch einmal: Herzlichen Glückwunsch, Lotte Bormuth!